一步一步上北大

黄春华◎著

武汉出版社
WUHAN PUBLISHING HOUSE

(鄂)新登字 08 号
图书在版编目(CIP)数据

一步一步上北大 / 黄春华著 . — 武汉 : 武汉出版社 , 2022.7
ISBN 978-7-5582-5215-0

Ⅰ . ①一… Ⅱ . ①黄… Ⅲ . ①家庭教育 - 中国 Ⅳ . ① G78

中国版本图书馆 CIP 数据核字(2022)第 064438 号

著　　者：黄春华
责任编辑：万　忠　金　波
封面设计：黄子修
出　　版：武汉出版社
社　　址：武汉市江岸区兴业路 136 号　　邮　　编：430014
电　　话：(027)85606403　　85600625
http://www.whcbs.com　　E-mail: whcbszbs@163.com
印　　刷：湖北新华印务有限公司　　经　　销：新华书店
开　　本：787 mm×1092 mm　　1/16
印　　张：15　　字　　数：170 千字
版　　次：2022 年 7 月第 1 版　　2022 年 7 月第 1 次印刷
定　　价：48.00 元

关注阅读武汉
共享武汉阅读

目录

CONTENTS

读书和运动，一个都不能少

习惯养好，是无价之宝

青春期，找到一扇望远的窗口

儿子长大了，我却留在了童年

送儿上北大

2016年夏天，我们家发生了两件大事。

第一件大事是，儿子考上了北大。

第二件大事是，我脱离了工作二十多年的单位，成为一名彻底的自由人。

对于第一件，朋友们见我都会竖起大拇指，用尽赞美之词。我看不出一丝半点虚夸，因为北京大学毕竟是中国的最高学府，没有登天的腿劲，真就进不去。进去的，都是真功夫。

就在当年，北大分数线是693分，比清华足足高出4分。而当年参加高考的人数多达940万，在数百万考生过大江的争夺战中，分数才是硬道理。儿子能一马当先，抢占分数的高地，我从内心里只有佩服。

想当年，我们都是经过高考的人，为了能考上本科线，挣扎得痛苦不堪，尾椎骨都差点扭掉了。所以，儿子能有这等本事，我觉得没我什么事儿。

朋友们夸赞的时候，我都照单全收，并重复一句："那都是他自己的本事。"

对于第二件，态度完全相反。朋友一听我辞了工作，条件反射，就是一脸同情，说一番安慰的话。安慰之后，突然，又会挤出一丝坏笑，问："你是不是另有高就？"

我一脸诚恳地说："没有，就是回家写写东西。"

哦——他马上明白了，说："你是为了写作放弃工作的，有理想，有追求！"

眼看我这个不再是早上八九点钟太阳的老男人就要被他夸成共产主义事业的接班人了，我不得不把最内心的话掏出来："不是为了写作，是为了自由。写作是支撑自由的手段吧。"

这种话他不一定能理解，我也觉得很虚弱。好在谈话至此结束了。

我要离开单位这事儿，在儿子高考之前就定了，但没敢告诉他，怕他心里有波动，影响考试。等他高考结束，我和单位的手续也都办完了，才壮着胆子告诉他。谁知他一点也不意外，好像早就盼着有这么一天，很平静地说："好呀，这不正是你想要的吗？"

这话要是从一个知心朋友嘴里说出来，我会觉得既是安慰，也是鼓励。可是，他才高中毕业，未经世事，就说出这样镇定的话，我真有点搞不清，他到底是超智，还是无知。

不管怎样，对我的大事，儿子这种态度算得上够意思。相比之下，对他的大事，我就有些不够意思了。

就在高考前夕，我接到通知，要到深圳搞讲座，日期正和高考重合，真是尴尬。我跟儿子商量，问："我去？还是不去？"

他一点也没有纠结，很坦然地说："你讲你的，我考我的，有什么问题吗？"

尴尬解锁。我去了一趟深圳，再赶回武汉，高考正好结束。

尴尬人偏遇尴尬事。接下来填报高考志愿，我又在外开长篇小说笔会。他和他妈是怎么商量的怎么敲定的，我完全不知，只知最后的结果是，儿子被北京大学地球与空间学院地质学专业录取了。

好在我还是及时找到了一个机会弥补自己的尴尬。8 月下旬，哈尔滨举办马拉松，我们一家三口都报名参加。我是在这座城市上的大学，这次，我们同学趁此机会到母校小聚。

人生常常有瞬间的恍惚。我们这个马拉松群是北京的李锋发起的，有照片为证，他从一个"胖水桶"跑成了现在的型男，终于成为最励志的典型。他的人生态度也极其放松，早些年就关闭了自己的公司，和夫人一起全国乃至全球跑马，顺便做了一名高级打工仔。

马群团长则由西安的高旭担任。高旭是我们 519 宿舍的老二，现在是西北最牛评估公司的老总，走出去总是气宇轩昂。谁能想到，二十多年前，初到哈尔滨，他还为想家哭过一场呢。

不过那时，我除了没有哭鼻子，种种窘态也是至今难忘。我来自湖北当阳，一副典型的乡下孩子相，不会说普通话，这就好比你到了英国，不会说英语。我最初与人交流，每次只蹦一个字，“好”“是”“不”。大概硬挺了小半年，才慢慢由字到词，由词到句，最后竟然成了后半生只说普通话的典范。

印象最深的是足球场旁边的那座教学楼，从我们入校就开工了，一直到我们毕业，竟然还在建设之中。

时隔二十多年，重返母校，惊喜地发现，当年教我们专业课的郑大宇老师，现已是副院长了。他依然人高马大，笑容可掬，还和我们一起上了赛场。

郑老师比我们大不了几岁，我们在读期间，他才结婚。新婚之后，我还专门到他家吃过一顿饭，可见我跟他的关系非同一般。源头得追溯到1989年春，一个阳光明媚的上午，他正在给我们上专业课，忽然，外面一阵叫喊，同学们应声冲了出去，有的走门，有的跳窗，眨眼间，教室空城。我动作稍有迟缓，刚想起身跳窗，却见他站在讲台上盯着我，好尴尬呀。于是，我放下腿脚，重新坐下。我和他本来一直就看对方很顺眼，那节课就成了我们的私聊时间，有了这一聊，情谊自然厚了一层。

往事历历在目，如白驹过隙，如胶片过脑，一瞬千年，沧桑巨变。忽然，胶片卡壳，眼前模糊，感觉一切都没有变，二十多年过去，唯一的变化是，我已经有了一个和我当年一样大的儿子。这一定是上天的意思，二十多年，我可以忽略时光，一事无成，但是，儿子正陪我来到故地，有了他，就有了铁证，证明所有的时间都不会白过。

这一趟，除了同学欢聚一堂，我也顺利地完成了“全马”，母子俩完成了“半马”。看着他俩拿着奖牌一脸的笑，我暗想，就算是我一次完美的弥补吧。

“哈马”结束，母子俩直接回了武汉，我则赶到北京，参加中国作协主办的儿童文学培训班。培训为期一周，9 月 2 日结束。9 月 3 日，北京大学新生报到，时间对接得真是天衣无缝。

9 月 3 日一大早，我赶到北京西站，在出站口等待着。母子俩大箱小包地出现时，我的心有一种怦怦直跳的喜悦——为什么？是因为儿子第一次以成人的姿态向我走来吗？他妈妈只背着一个小包，显然是被他照顾着。

好奇怪呀，明明这次是要送儿子远行，我却在北京迎接，像个主人。龙应台的目送无数次在我脑中演练，我以为自己终将体味那样一幕，可这一次又没搞成。

砸了就砸了吧，没时间犹豫，童建军的车还在停车场等着我们呢。童建军是我高中同学，以前就在北大旁边做生意，对北大校园超级熟悉，就像自家大院。在他的引领下，我们毫不费力地办理了入学手续，找到宿舍，安顿下来。

北大，这座曾经群星闪耀的园子，我竟然也踏了进来，全是搭了儿子的香边。每个人的心目中都有一个直观的北大代表人物，我的不是蔡元培，也不是胡适，而是沈从文。儿子的是谁，我没问。

安顿之后，我们仨在校园里逛了一圈，收获自然颇丰，不发感慨。我只想说一个路牌，竖在路边，是北大的平面图。当时，我凑到近前，想了解一下校园路线，忽地就呆住了。

在大片光滑的路牌上，一只蜗牛停在上面，它已经爬了一大半，就快到上沿了，正好在地学楼的位置，那将是儿子上课的地方。是天意，还是巧合？都不重要，反正，我已经被击中了，愣在原地。

“蜗牛背着那重重的壳呀，一步一步地往上爬”，从小我就会唱这首歌，那时，我觉得很快乐。随着年岁的增长，生活的磨难越来越多，我对这句歌词有了新的理解，每每哼起，感觉自己就是一只蜗牛，沿着漫漫的人生路在一步一步地往上爬。

而此刻，我又想到了儿子，他多像这只蜗牛，从出生到现在，不正是一步一步地努力爬过来的吗？

千头万绪在胸中翻江倒海。我知道，那一刻我已经决定，要把陪伴儿子走过的路描画出来，题目都想好了，就叫《一步一步上北大》。

初为人父，我有些措手不及

虎要见山

1998年4月19日下午2点45分，这是儿子来到这个世界的准确时间。儿子的降临对我来说，除了惊喜，更多的是慌乱。

上天给予我这样贵重的礼物，我一时不知道如何伸手接住。

当局者迷，旁观者清。旁观者告诉我，第一要紧的是去给儿子办医疗证。

医疗证，呵呵，真的算个人了！我一路傻笑着跑到我们单位，说要给儿子办证，语气中饱含着骄傲，但心底里还是有些怪怪的，有一种不太真实的感觉。

同事很热心，拿出表格，打头就问："叫什么名字？"

我一下就呆住了，因为名字还没起呢。

关于儿子的名字，我很早就跟老婆开始讨论了。有一阵子，我正儿八经地拿起字典，窸窸窣窣地翻了好几遍，作为一个识字的文化人，硬是没有看到一个顺眼的。后来，我心一横，干脆来个简单的。我姓黄，老婆姓贺，贺字拆开，就叫黄加贝，这名字也不错嘛。于是，达成共识。

在临产前夕，我妈从老家赶过来照顾老婆起居，闲聊中我们提到给儿子起的名字。妈一听就不依了，因为我外公是“家”字辈，和“加”同音，不行。不行就不行吧，可是，什么行？我们就没继续往下讨论。

现在，我拿着表格必须要填写儿子的名字，留给我的时间不多了，我不得不启用每一个脑细胞飞快地演算起来：1998年，属虎。常言道，龙入深潭，虎归深山。嗯，虎必须要见山。有了，用“山”替换“加”，简单明了。可是，黄山贝，怎么听都别扭。我在东北上大学，那里有句骂人的土话就叫山炮。不成，山还是得要，不如换一个字，山就是岭嘛，黄岭贝。就这么定了。

我呆了大概有那么几秒钟，然后，不动声色地填下了儿子的名字。从此，黄岭贝这个名字就注定要跟着儿子闯荡江湖了。

学习做父母

相比我的慌乱，老婆倒更有章法一些。还在怀孕期间，她就像一个勤奋的学生，买回了一大堆早教书籍，书名五花八门，我还记得其中有一套叫《零岁方案》。

书搬回家不是摆设，她有模有样地学习起来。学有所得之后，她就用录音机放音乐给自己的大肚子听，说这就是胎教。

回想起当初她那么专注，那么投入，我至今还心存感动。她是在用心学习，因为她知道，要接受一个新生命，是多么不容易。

老婆一直没有停止过学习，随着儿子的成长，她又购买相应年龄段的书籍回来了。我曾和她一起读过《卡尔·威特的教育》，很受启发。

我们都不是天生当父母的料，要想当好父母，有太多太多的东西需要学习，而学习的前提，是我们得虚心，虚心，再虚心。

很惭愧，我没有做到。我只是被动地等待着一切一步步到来，然后，再出手应付，所以，常常显得手忙脚乱。

妈妈的絮叨

有了儿子之后，老婆完全变了一个人。她除了常常给儿子唱歌、讲故事，还喜欢絮叨，反正只要跟儿子在一起，嘴巴就不闲着。

她看到一只小麻雀，就会说："鸟，小鸟，小鸟鸟……"

她看到一朵月季，就会说："花，红的花，紫的花，粉的花……"

就算在家里，她也不会停止，一会儿指着桌子说："桌子。"一会儿指着冰箱说："冰箱。"……

儿子只管竖直耳朵，睁大眼睛，一会儿发愣，一会儿发笑，谁也不知道他到底听懂了没有。

多年以后，我开始揣摩儿子当时的神情。也许一开始，妈妈的絮叨涌进他的小脑袋，就是一堆乱码。他竖起耳朵，只是对声音感兴趣，要一滴不漏地收集。但是，随着声音收集得越来越多，多得堆起来的时候，就会自然分类了。就像秋风把树林里满地的落叶吹动，不要以为全乱了。等风止林静了再看，大的叶子都被吹到了远的地方，残缺的叶子留在了原地。

我们面对这个世界又何尝不是如此呢？这个世界最初呈现在我们面前的都是一团乱麻，但是，只要我们静下心来，慢慢梳理，就会发现，每一根乱麻其实都是通往这个世界的一条小路。

面对新奇的世界，儿子一定是看到了一条又一条交叉缠绕的小路，才把眼睛睁得那么大。这一条条小路正是日后引领他去探寻未知世界的入口。也许，随着年龄的增长，这些小路会慢慢失去吸引力，但要保持对这个世界一如既往的好奇，还必须架设一座又一座有足够想象力的桥梁。是呀，一个生命来到这个世界，最初的意义和最终的意义是一样的，就是要保持对这个世界的新奇感。

在儿子长大之后的某一个阶段，妈妈的絮叨对他也许又成了乱码。从他的眼神中，我能看出来，但我没有说什么，只是在心里念叨：儿子，你要小心对待这些乱码，足够小心的时候，你就不难发现，这里面其实蕴含着一串串密码，这些密码你是能够破译的。密码并不难，但必须你自己破译，别人说出答案就没有意思了。

最初的性格

穷人的孩子早当家。我应该算是标准的穷人。金钱上的拮据自不必说，人力资源也是奇缺。

我妈是在老婆临产前夕从老家过来帮忙的，儿子出生约莫半个月，爹突然来电话，说老毛病发作了。妈一听，左右为难，哭了一场之后，赶回老家去了。

岳母家不算远，但都要忙自家的事，只能偶尔过来搭把手。我每天要上班，单程要一个多小时的公共汽车，早出晚归。这样一来，家里就留下了母子俩。

老婆在娘家时，也是一个十指不沾阳春水的娇惯女，自从跟了我，就完全变了一个人，家里的事几乎都是她在操持。她其实很不习惯，哭过闹过，满腹委屈间歇性发作，那时我也不懂事，经常和她对吵。一个长年累月为家庭干实事的人，必然会积攒一肚子的怨气。现在我明白了这个道理，等她发作的时候，我就退避三舍，笑脸旁观。

火气来得大，一定不会长久，等三分钟的火气发作完了，她照样会屋里屋外埋头做事，完全是一副任劳任怨的样子。

儿子是顺产，4.1 公斤。从这个数据可以看出来老婆的两个特质：坚强、艰难。

我们住的生活区叫白玉山，有一个菜场就在老婆上班的医院和我们家之间，所以，老婆下班就会顺路买菜，从没间断。她挺着大肚子提着菜袋子的样子，一定是白玉山菜场最显眼的风景。这其实还算不得什么，后来，儿子出生之后，她常常抱着儿子去买菜。

记得在儿子出生前不久，老婆支撑大肚子非常费劲，已经不能长时间站立。她就搬一张凳子放在灶台前，坐着炒菜。那画面一直刻在我脑子里，像钉子。

说了这么多，目的不是赞扬，也不是自责，而是想说，命运是公平的，正是老婆的忙而不乱，坚韧忍耐，才给了儿子生命最初的影响。

我不难想象，儿子睁着一双眼睛，看到最多的一定是一个女人，这个女人后来他称之为妈妈。他一定是想抓住妈妈，紧贴着不放，因为世界还很陌生，没有安全感。可是，他渐渐地发现，妈妈并没有那么多精力来贴近他，他只能眼睁睁地望着妈妈一会儿忙这，一会儿忙那，心中空空的，慌慌的。

他要抗议，唯一的语言就是哭。哭过一次又一次，透过泪眼偷偷看妈妈，他发现并没有改变什么，妈妈还是在忙这忙那。

渐渐的，他习惯了妈妈忙碌的身影，也不哭着要抓住她了。与其做那些没用的，不如自己找个什么事做做。于是，他安静下来，躺在自己的小床上，四脚朝天，望着天花板找乐子。

天花板乍一看，什么也没有。可是，只要静下来，用心地看，就会发现上面有好多道道，各种图案任由想象。儿子一定体味到了天花板无穷的乐趣，他时而发呆，时而手舞足蹈，时而咯咯发笑……没有妈妈的陪伴，他也能自得其乐，自己玩得很嗨。

如果妈妈有闲工夫了，过来把他抱在怀里，给他讲个故事，唱首儿歌，他觉得，那也是极好的。

大多时候，儿子独自躺在小床上玩耍，旁边会有一个工作状态的小录音机，要么放着故事，要么放着儿歌。这些都是儿子喜欢的，他常常会听得手舞足蹈、咯咯直笑。

就是这种自得其乐奠定了儿子最初的性格。在他成长的过程中，这种性格也慢慢形成并成熟起来，在他的学习和生活中持续发挥作用。朋友们都说我养儿子轻松，我想说的是，养儿就是养性格，如果性格养好了，确实就轻松了。

儿子的拍门声

休完产假，老婆就上班了。她在医院手术室，倒班。上白班的时候，岳母就过来搭个手，一直待到老婆下班，两人就完成交接班。这时，岳母还得赶回家去，主要是给岳父做晚餐。

儿子性情安静，跟外婆在一起，玩得也很开心。外婆也喜欢不停地说这说那，逗他笑。不过，那几乎纯正的湖南华容口音，不知儿子听起来是什么滋味。他刚刚会说一点点话，有一次，他指着窗外黑黑的天，说："压，个，哒。"（湖南话，天黑了）我们都笑坏了。看来，孩子学习语言，是没有国界和地域概念的，谁先教，就学谁的。

我是1991年大学毕业进的武钢，先在快餐工厂做了几年专业工作。因为喜欢写作，利用业余时间写出了一些东西，《武钢文艺》杂志社的主编董宏量老师看中了我，在 1996 年 10 月把我调进编辑部，当了一名编辑。编辑不仅仅是编稿子，也要搞创作，这正是我的所爱，也是我的荣幸。不过，我是个理工男转行过来的，无论是编辑还是写作水平都还很粗浅，想要提高，只有多看，多写。

那时，我们有创作假，假期不用去编辑部，就在家里写作。我的房子虽然不算大，但有一个小半间，腾出来做了书房。书房里书不多，最值钱的就是一台大屁股的 386 电脑，气势很吓人。电脑是我单身的时候，跑到广埠屯旧货市场花 1700 元买的——1997 年哦，差不多花了我三个多月的工资。

花重金买回电脑，当然是为了写作。于是，我把书房门一关，对着电脑发呆。

儿子那会儿刚刚能扶着墙走路，趁外婆不注意，就绕着墙脚过来推我的门。门一开，我就不能发呆了，很想陪他玩，可是，那么吓人的电脑还戳在那里呢。

外婆过来把儿子抱出去了，我一狠心，把房门小栓插上了。

不一会儿，响起了拍门声，接下来，是儿子嫩嫩的喊声：“爸，爸——”

那一刻，我是怎么想的，已经记不起来了。但有一点可以肯定，我没有开门。多年以后，每每想起这一幕，我的心就像被狠狠地撕了一下。

我只能在心里说，儿子，原谅我！

我本来是一个文学的门外汉，刚刚转行，想攀文学这座山，起步阶段一定是一场攻坚战。那时，我常常跑邮局，抱着一大摞打印稿，装进信封，寄发出去，每个月的邮票钱几乎要占到工资的三分之一。如果把这些信比作希望，那么，我收获更多的就是失望。

老婆很精准地评判了我当时的状态，就是诺曼底登陆，盟军伤亡无数。是啊，好在盟军毕竟最后还是成功登陆了，只要撕开一条口子，杀出一条血路，战局就会逆转。随着时间的推移，我的努力也慢慢得到回报，越来越多的稿子被采用了。

然而，有时候我又想，儿子，我不值得你原谅。难道我只有插上门栓，才能完成登陆吗？

这个问题让我有点发蒙，我无法回答，也不敢回答。我更愿意相信，那只是一个借口。因为写作的日子还有很多很多，而你成长的每一个瞬间都是稍纵即逝。我好像是用了一个自欺欺人的借口，就把那一刻的你拴在门外，等我再想起时，那一刻的你已经一去不复返。我纵然还能找到那扇门，又有什么用呢？我能做的只有站在门边徒然后悔。

所以，儿子，即使是你原谅了我，我也无法原谅自己！

楼上的邻居

结婚最初两年住在白玉山。这地名听起来挺美，主要居住着原武钢的工人，以及大量的外来务工人员。因此整个街区显得房屋破旧、街道脏乱，而且常常有打架斗殴的情况。

但我仍很怀念住在那里的日子，因为我们楼栋里的人都很亲切，邻里关系都很亲近。

我们住在四楼。六楼对门住着聂拐子（武汉话，大哥）。聂拐子夫妇都是厂里的工人，热情大方。他家有一个儿子，高中即将毕业，又高又瘦又帅，也叫贝贝，我们就叫他大贝贝。

小贝贝刚刚会走路，每上一阶楼梯都还需要掌声鼓励。但他喜欢上了高他几倍的大贝贝，追着要一起玩。大贝贝也乐意，放学回来，就顺便把小贝贝抱到六楼去玩。一来二去，两家人就格外亲近了。

大贝贝忙，不常在家，聂拐子回家时就顺便把小贝贝抱上楼去。上了楼，就不轻易下来，一般都要吃了饭再送回家。我们非常感谢，聂拐子只是摆摆手，哈哈一笑。

有那么一段时间，我一直纳闷，贝贝一上楼怎么就能玩那么久呢？后来，我去接贝贝回家，才搞清楚，原来楼顶还有一个奇妙的世界。

聂拐子住在六楼，也是顶楼。他从自家客厅开了个口子，搭了架梯子，直接通到楼顶上。爬上楼顶，我完全呆住了。顺着楼顶边沿，种了各种蔬菜；旁边还有一个大大的木笼子，里面养了好多只鸡；笼子外面蹲着一条狗，浑身黑毛，威武雄壮……

一见那狗，我心里一揪，吓得两腿发软。贝贝却直接摇摆着走过去，和狗又摸又抱，亲得像兄弟。贝贝不仅和狗亲，和鸡也熟，把手伸到笼子里，鸡都不躲闪。

那时，聂拐子倒班，聂嫂子也常常在家。我们要有事，就把贝贝放到六楼，绝对安心。每次，聂嫂子都会想着法儿地做好吃的，让贝贝胃口大开。

俗话说，远亲不如近邻。确信。

春节期间，聂拐子和聂嫂子会专门做上一大桌子特色菜，请我们上去品尝，都是他们自制的腊肉、鱼圆子、香肠等。作为回请，我们也会做一桌菜，不过，相比之下，我们做的都是一些家常小菜了。

社区的人员结构决定了整个生活配套设施都必然落伍。儿子满了三岁就要上幼儿园，出于长远打算，我们勒紧裤腰带，到相对中心一些的城区买了房子。

2000年，我们搬了新家，白玉山的房子就空了出来。这套房是武钢的福利房，只要再花不到两万块钱，就能买下来。可是，因为买新房我已经负债累累，根本无力再去买这套福利房，哪怕再划得来。

于是，我产生了一个想法，不如把这套房送给聂拐子，让他们去买下来。之前，聂拐子说很想把他家正楼下的那一套房买下来，上下一打通，就成了复式楼。那么，我这房子在四楼，是最佳楼层，换五楼，一定是容易的。

我跟老婆一商量，老婆没有反对。我就把身份证交给了聂拐子，他拿着我的证件到房产公司，办理了相关手续。一切搞定之后，聂拐子一家又专门跑过来请我们吃饭，还硬塞给我一千块钱。

后来，房价开始飞涨。有人就开始笑话我，说我傻，白玉山的房子要是留着，就赚了。

我总是一笑。我经过的事，可能有许多会让我后悔，但是对于这件事，我从来就没有后悔过。每每回想起聂拐子一家对贝贝的喜爱，一份温情就会荡漾于心。在我们最落寞最艰难的时候，聂拐子一家人发自心底的热情，让我们感觉到了生活的幸福并没有因为我们的贫穷而远离。

这都是儿子两岁之前的事了，我不知道儿子还有没有些许的记忆。但我可以肯定，就算他已经想不起来了，而那些在六楼的点点滴滴必然会成为他人生的底色。

能在结婚最初的两年，遇到聂拐子一家人，是我们最大的缘分，也是我一生珍藏的幸运。

最热的夏天

武汉是中国四大火炉之一，名不虚传。如今网上还流传着这样的段子：一位老奶奶买了一筐鸡蛋，走在正午的街上，一不小心，筐子掉在地上，鸡蛋碎了一地。老奶奶不急，稍等片刻，直接捡了一筐煎鸡蛋回家去了。

结婚第一年，算是我在武汉度过的最热的一个夏天吧。说最热，并不是指室外温度，而是室内温度。那年，我们没有空调，硬是把夏天挺过来了。

不是商场没有空调卖，是我没钱，买不起。结婚时就是借钱办的宴席，婚宴一完，收到的礼金刚刚够还款。之后，我们就靠微薄的工资度日，上个月勉强能接到下个月；儿子一出生，花销陡增，日子更是捉襟见肘。

钱少就少花吧，平时油盐酱醋还过得去，可一到夏天就难得过了，主要是热。

我的房子小，太阳早上晒东边，晚上晒西边，一天就晒了个通透。常说热得像蒸笼——听起来像夸张的话，不过，我的屋子里要蒸熟一笼包子，应该是不成问题的。我下班回家的第一件事，就是敞开门窗，端一盆水泼到阳台上，水沾到地面发出吱吱啦啦的响声，就像冷水浇进热油锅。

天再热，白天也好对付，最难过的是夜里。躺在床上，感觉身体就像贴在热锅底的烧饼，想安然入睡，没有神仙一样的定力，恐怕是做不到。

无法入眠，就想心事。心里装着一件大事，就是不敢做。那是 1998 年盛夏，第 16 届国际足联世界杯足球赛正在法国踢得如火如荼。因为时差，我们的半夜正好是他们比赛时间。我想爬起来看直播，可是不能，因为电视机就放在卧室，和大床鼻子撞眼睛，就算打到静音，光线也会影响老婆儿子呀。

当初，电视安放在卧室，并不是为了图观看方便，而是别无选择。客厅只够放一张餐桌，走路都得绕着桌边；小半间只够放一台大屁股电脑，推门还得轻一点，怕撞着它。

电视就在鼻子边上，足球赛正在进行，我的后背像有无数只蚂蚁在爬，奇痒难忍。我一咬牙坐了起来，再一咬牙，就开了电视，当然是静音。视线瞬间被比赛吸引，心情舒畅，顿时忘记了热。看到进球，我忍不住拍了一下巴掌，“啪”的一响，把自己吓了一跳，连忙回头望。

这一回头，我吓得差点叫出声来。老婆不知什么时候已经坐了起来，就在我身后，眼睛一眨不眨地盯着电视。既然都要看，就开声音吧，“啪啪”一扭，屋子里马上热闹起来。

坏了，忘了还有一位。声音一出，吵到了儿子，马上就有了哼哼唧唧的回应。我说，关掉？老婆摇摇头，转身把儿子抱在怀里，喂奶。儿子马上就安静了。

老婆一边给儿子喂奶，一边看世界杯，还真有女球迷的风范呢。不过，她对足球确实是七窍通了六窍，纯粹看热闹。我就担当起荧屏外的解说员，一边给她介绍那些球员的名字，他们踢的位置，一边还要深入讲解足球知识，比如什么是越位，什么样的铲球是犯规，到什么程度要吃红牌……

老婆听了个半懂不懂，这都没关系，反正她看得很入迷。儿子好像也成了球迷，不吃奶了，转头望着电视，两眼放光。

我望着他们，心里却沉了下去。母子俩都长了一身的痱子，满脖子全是红疙瘩，我都不敢多看一眼。

那一年，法国队在光头齐达内的带领下，“干掉了”巴西队，夺得了世界杯，全世界都在为他们欢腾。我却躲在角落里思考着另一个问题——什么时候才能买一台空调？

这个问题在第二年夏天来临之前，终于解决了。我们努力积攒了一年，买回了一台窗式空调，脸面朝着卧室，屁股冲着阳台。从此，再热的天，我们也能安然入眠了。

外婆家

老婆上班以后，儿子就由外婆接管，这样度过了一些日子。可是，有一天出了意外。

那天，外婆突然感到腹部疼痛，就抱着儿子往医院走。那段正常人步行需要二十多分钟的路程，外婆抱着儿子，忍着病痛，实在走不到头了，在离医院还有几十米的地方，蹲了下来。

幸好医院同事看到了，告知了老婆。老婆冲出来接住儿子，领着外婆到医院一检查，是急性化脓性胆管炎。接下来事情突变，外婆直接住院手术。

幸运的是，手术顺利。住院期间，五个姑娘排班照料，恢复正常。外婆出院后，就不能再来我家照顾儿子了。我们就把儿子送到了外婆家，从此以后，他就跟着外公外婆度日。

外婆家住在北湖农场，那里安置了武钢职工家属，俗称半边户。外婆在农场做了一辈子农活，刚刚退休。她虽个子矮小，但长期重体力劳动让她养成了勤劳苦干的习惯，回到家里，也是忙里忙外，从不闲着。

外公是武钢正式工，也退了，但不让自己休，到农场搞了一些水田旱田，除了种菜，还种水稻，种花生，种红苕，种棉花……一年四季不得闲，把自己弄成了一个地道的农民模样。

儿子送到外婆家，就算是从城乡接合部来到了乡下。

北湖农场离我住的白玉山有一个多小时的车程，而且车少难搭，所以，我们平时就不易过去，只有到了周末才去一趟。

北湖农场有一个大稻场，场边就是场部值班室，里面有一部电话。那部电话常常在傍晚响起，值班员就会扯着嗓子喊：“贺家的，接电话——”

外婆早就竖起耳朵等着，一听到喊声，就拉着儿子跑过来。儿子当然知道是妈妈打来的，抓起话筒，就妈妈妈妈喊个不停。

老婆每次打完电话，眼圈也是红红的。她真的是想儿子想得心肝疼。

光听声音，儿子肯定是不满足的。他常常吵着要妈妈。外公就带着他到通勤车站去观望，万一妈妈下了夜班搭车过来了呢？外公家在运输部村，通勤车终点站在黎明桥，往返大约有一公里的路吧。去的时候，儿子浑身是劲，自己一路小跑在前面带路。当然，碰巧的时候少，更多的时候是失望。

时候不早了，外公说：“我们回家吧。”

儿子说："见不到妈妈，我没有力气走了。"

外公就蹲下来，把他顶在头上，一路好言好语，逗他开心。好在儿子性格好，不会胡吵闹，只是把失望闷在心里。

失望也去，回回失望回回望。但是，回回都顶在头上，走那么远的路，外公有点吃不消。于是，他自制了一个小木车，猛地一看，以为是把铁锹，再细看，下面绑着个小板凳，有座位，有踏板，还有扶手呢。

外公就拖着小木车，咯吱咯吱地来到车站。爷孙俩眼巴巴地望着通勤车一辆一辆地来，又一辆一辆地走了，妈妈最终没有出现。

等待，失望，再等待，再失望……无限循环，多像人生的宿命。儿子倒腾着小小的腿脚，往返在一公里的路上，从来没有放弃的想法吗？也许，他一心只想着妈妈，不知放弃；也许，有外公的陪伴，他觉得即使等不到妈妈，也另有乐趣；也许，他已经把那一公里的路，当作了每天的必修课……

这虽然有点令人心碎，但也是难得的经历。我相信，儿子在一次一次的往返中，不仅磨炼了自己的小心脏，还收获了满满的温情。外公的陪伴是一种温情，那种久等不来的感觉，何尝不是一种更浓的温情呢！

无论经历了多少次失望，儿子都是幸福的。因为，他走进家门的时候，外婆已经做好了晚餐，正一脸笑容地迎接着——这又是何等的温情！

丢　丢

2000 年，我们搬进了鹤园小区的新家。这个小区的规模相当大，吸引了一大批边远城区的居民前来购买。因为这里和白玉山相比，就算是真正的城区了。

说起买这房子，也是有诱因的。当阳一中低我一届的校友朱小军，也是跟我一样在哈尔滨上大学，从船舶学院毕业后，分到了武昌造船厂。有一天，他打电话让我到武泰闸小聚，去了才知道是他搬了新家，很漂亮的两室两厅。

我问他哪里来的这么多钱。他说，哪里有钱，自己手头只有七千块，剩下的全是借款和贷款。

眼不见，心静；眼一见，心跳。我手里还捏着一万块呢，他敢干，我为什么不能？

于是，动了凡心，借一笔，贷一笔，硬着头皮冲着房子去。肚里没粮，心里发慌，一见钱就紧张。为了安全起见，我到银行取首付款的时候，叫上了府东兄。他紧跟我身后，一直把我护送到售楼部。

一套房子，连购买带装修，一共花掉了16万，减去我手里的1万，等于15万。这就是我的外债，山一样，感觉这辈子也翻不了身了。

身负再多的债务，搬进了新家，还是觉得浑身清爽。更可喜的是，和我同时搬进小区的，除了护卫过我的府东兄之外，还有老婆的三个姐姐。

老婆家一共五个孩子，称之为五朵金花，我家的是第四朵。第五朵金花住在离我们远一些的现代花园小区。

搬了新家，也带来了许多不便。首先是家离老婆医院远了，上班得一个多小时的车程，再加上她是倒班，在家的时候就没有准头了。岳母住在北湖农场，以前到白玉山，乘车要一个多小时，而从白玉山到鹤园小区，又要一个多小时，这样，跑一趟就更不容易了。我上班的单位虽然相对近些，但总有事情牵扯着。总之，家里常常断档，儿子无人照料。

儿子刚刚二岁，总不能把他独自丢在家里吧。近水楼台，三个姨妈家就成了轮流安放的地方。

大姨妈是拿了证的厨师，无论什么菜从她手里出来，味道都很鲜美。因为味觉的引诱，儿子对大姨妈家是情有独钟。

二姨妈虽然天天做饭，但手艺一直不见长，家常菜还是没问题的。但这都不要紧，要紧的是家里有个薇子姐，比儿子大7岁，能歌善舞会画画。儿子只要到了二姨妈家，常常和姐姐玩到深夜都不肯睡觉。

三姨妈有两个拿手菜：粉蒸排骨和酸辣土豆丝。但她平时不掌勺，因为三姨伯烹饪水平比她高，仅次于大姨妈。三姨伯是长航的船员，长年在长江上跑船，船一靠岸，他就会回家休假一段时间。三姨伯只要回家了，就会把儿子接过去，包吃包住包洗漱。

儿子很喜欢到三个姨妈家去，三个姨妈也非常欢迎他。他无论到哪个姨妈家，都过得开心自在，乐不思蜀，“只把异乡当故乡”了。

姨妈们开玩笑说：“你应该改个名字，叫丢丢。”

儿子一点都不嫌弃，很乐意地接受了。丢丢，这个带点辛酸的外号，也许儿子根本感觉不到。他似乎天生就是一副随遇而安的相儿，走到哪里，那里就是他的家。

儿子能在这样一个大家庭中成长，真的是一种幸运。作为一个名副其实的丢丢，在丢来丢去的过程中，他一定感受到了每一家的温情。这种温情一点一滴附着到他身上，沁入他的心底，慢慢洇成一幅亲情的画卷，最终成为了童年的底色。

这对他来说，意义深远，胜过一切爱的教育。因为他每时每刻感受到的都是爱，在爱的滋养下成长，自然就会长成爱的样子。

事实也正是如此，儿子在进入大学之后，明确地表示，他所说的想家，除了爸妈，还有整个大家庭。

上幼儿园，一点也不轻松

憋　尿

上幼儿园对儿子来说，一定是一次阵痛。

最初送儿子进幼儿园的大门，旁边总有些孩子哭声尖厉，就像屁股上突然被扎了一针，有的甚至就地打起滚来。在约莫三岁的记忆里，他们一直待在自己家里，那里的高桌子低板凳闭着眼睛也知道是什么样儿，每一个房间的气息都能分得清清楚楚。突然之间，要把他们扔到这个完全陌生的大园子里，而陌生是最能让人产生不安和恐惧的，这在他们稚嫩的心里，就是要命呀。

儿子当然逃不过陌生带来的恐惧感，也一样想哭想闹想打滚，并且也付诸行动。不过，儿子在前三岁的生涯中，就不是天天抱在怀里的娇贵宝宝，常常被丢在一边儿，习惯了安静独处，这会儿突然开闹，也闹不出多大的动静。儿子是有自知之明的，一看闹不过别人，干脆就不闹了。

不闹，不等于他就接受了这个怪物一样的大园子。哭闹都是表面的，真实的内容都在从早到晚一整天的煎熬之中。

作为家长，是无法知晓孩子每天的真实生活状况的。我每次去接儿子，看到的是一个个被放出笼子的小乖乖，飞扑向父母，从他们的表情可以猜测，他们是多么渴望逃离园子，回归家庭。

儿子见到我，也是特别亲，抓住我的手就不肯放，生怕我再把他丢给谁了。我心里既暖又疼，一把将他举过头顶，骑在脖子上，边说边笑往家走。儿子有时候也说些幼儿园里的事情，但是，更多的他不愿意说，也说不明白。

有一阵子，儿子回家之后，总是尿裤子。我说他两句，他就望着我，木木的。有一次，我们仨在床上玩耍，儿子跳刚学会的舞，正跳得起劲呢，突然，僵住不动，浑身一个激灵，又尿了裤子，而且把床上的被单全尿湿了。

我没控制住火气，一把就将他提起来，放到厕所，冲他大吼："要尿尿就上厕所，说过多少遍了？"

儿子不吭气，一脸无助地望着我，眼泪哗哗地往下流，又惊恐又委屈。

老婆从背后追过来，一下将我推开，怒视着我，说："你懂什么？他这是憋尿呢！"

然后，老婆冲进厕所，把儿子抱出来，坐在椅子上帮他换裤子，小声哄着他，安慰他。儿子渐渐平静下来，停止了抽泣。

那天晚上，儿子睡着之后，老婆很正规地跟我谈了一次话。通过这次谈话，我才知道事态的严重性。儿子一定是在幼儿园陌生的环境里充满畏惧，就算想尿尿，也不敢说，只有憋着，直到憋不住了，就会尿裤子。

事实上，儿子一连几天，从幼儿园出来，裤子都是湿的。那段时间，老婆上夜班时，外婆过来带儿子，常常为儿子不肯尿尿急得抹泪。前后一想，我很后悔自己的粗暴。知错就改，我可以控制我自己，但对儿子憋尿，我仍然束手无策。

还是老婆有办法。儿子喜欢听故事，她就拿着图画书给儿子绘声绘色地讲，讲到某一个时候，就会把话题引到尿尿上。比如说："小红帽又跑进小树林里了，她是不是尿尿去了呢？那么，我们也去尿一个吧！"

这时，儿子就非常顺利地跑进厕所，完成一次尿尿。

在家里，有妈妈在身边，儿子已经慢慢不憋尿了。可是，幼儿园里情况就不一样了，怎么办？

解铃还需系铃人。老婆专门请假，去找带班的陈老师反映情况。陈老师是个非常好脾气的三十多岁的女人，也许是孩子太多，没有注意到每一个孩子的细节。听了老婆的讲述，陈老师就把儿子拉到怀里，说："陈老师也是你的妈妈，不要怕，要尿尿就说出来。"

从那以后，儿子就慢慢不憋尿了，整个人也快乐起来了。每次从幼儿园回家，我们问他："陈妈妈好不好？"他答："好。"我们又问："今天尿裤子了吗？"他答："没有。"

儿子一高兴，回家什么话都对我们说。结果问题又出来了，一个小胖子总是把肥肉丢到他碗里，上厕所还朝他腿上撒尿。

我问老婆，要不要去找老师谈谈？老婆略想了一下，摇了摇头。

当天晚上，老婆给陈老师写了一封信，大致意思是：本来，孩子的事应该让他自己面对，可是，在孩子无助的时候，还是希望老师能给予帮助。然后，列举了小胖子的行为。

第二天晚上，儿子回家，讲述幼儿园的新闻，说小胖子被老师关在厕所了。

我一听，心里咯噔一下，没有丝毫的高兴，反而暗暗担心起来：小胖子会不会因此落下心理阴影呢？

不接电话

把家从白玉山搬到鹤园小区的直接结果就是，负债达 15 万元之多。而那时，我每月的工资还不足 1000 块。相比之下，我的头顶就有一座大山，感觉穷尽一生也搬不动了。所谓房奴，舍我其谁？

1996 年，《武钢文艺》主编董宏量老师相中了我，把我从快餐食品工厂调进编辑部时，我是多么激动。我认定编辑部就是我这辈子最好的归宿，一边编刊，一边写作，不正是我梦想的生活吗？

梦想很美好，现实太残酷。债台高筑，还让我坐在太师椅上继续做着文学梦，恐怕屁股也不会答应。于是，脑袋就有了更多的想法，穷则思变嘛。

就在这时，向民胜从深圳向我伸来了橄榄枝，邀我南下，去和他一起创办杂志。

1997 年，我因为一篇《玫瑰使者》被《儿童文学》主编徐德霞老师看中，并受邀参加了“全国首届儿童文学青年作家班”，培训地在北京朝阳区八里庄鲁迅文学院。向民胜也在这个班上，当时，他在湖南少儿社，编辑和创作都是一把好手。

鲁迅文学院的培训结束之后，向民胜策划了一套书《中国最新少年惊险侦探小说》，他打电话来，邀我加入。我一听就紧张了：我虽然从 1995 年已经开始在全国刊物发表中短篇小说了，但《玫瑰使者》是我儿童文学的处女作，我对儿童文学确实还是个门外汉。

当初写《玫瑰使者》，我并不知道什么是儿童文学。写完之后，好友雷超来我宿舍玩，顺便看了，说这是一篇很不错的儿童文学。我问什么是儿童文学，他也不解释，只给我《儿童文学》的地址，让我投过去试试。这就是我进入儿童文学创作领域的缘起。

这些我都没有隐瞒，坦率地告诉向兄，我有多么浅陋。谁知他一点也没放过我的意思，坚定地说，他看过我的《玫瑰使者》，觉得我就是他要的人选。我就是一只旱鸭子，被他赶下了河。

向兄不光是赶，还用心地扶。他安慰我说，不要怕，一步一步来。我先拿个大纲用邮政快件寄给他看。他看完，再提修改意见。意见是隔空告诉我的，他给我打电话，常常一聊就是一个多小时，直聊得我感觉到不是我一个人在战斗。

1999 年，我人生的第一本书《神秘的大胡子》出版了。在这个过程中，我和向兄结下了深厚的友谊。

时隔3年，2002年，他从湖南少儿社辞职，到深圳海天出版社创办《花季·雨季》半月刊，这是中国第一本中学生的情商杂志。我再一次被他才华横溢的创意打动，接到电话的第二天，就收拾行李，只身奔赴深圳。

创业是艰难的，但想着美好的未来，我们充满了干劲，从零做起，把一本杂志办得风生水起。初创阶段，每一个人都忙得像陀螺，组稿、编稿、发稿，进校园，下印刷厂，找发行商、团市委、教育局……

忙真好，可以忘掉一切。可是，一旦静下来，我马上就会被一种强烈的情感抓住，想家。老婆、儿子在武汉，相隔千里，无法相见，只能打个电话。

一直熬到2003年春节，我才回武汉，暂时解了相思之苦。几个月的分离，儿子跟我更亲了，每天都缠着我，要跟我一起玩，生怕我随时会离开。

短暂的团聚之后，我又南下，就在进入深圳地界的时候，突然传来消息："非典"暴发，深圳属于重灾区，所有人员不得随意出关。也就是说，深圳成了一个隔离区。

隔离并没有影响工作，我们仍然忙碌。忙碌之余，我会想想家，然后，给家里打个电话。时间一晃就到了五一，海天社下发了红头文件，放7天假，但任何人不得离开深圳。

我要回武汉探亲，去和社长磨了半天，最后保证后果自负，社长才勉强松口。我踏上了深圳到武汉的火车，车厢里气氛紧张，人人都戴着口罩，只露出两只眼睛。整节车厢只有两个人没有戴口罩，一个是我，另一个是酒鬼，他一路上抱着酒瓶子没松手。

回到武汉，本来以为可以和老婆、儿子欢聚，谁知鹤园小区的气氛也相当紧张，居委会对外来人员盯得特别紧。我还没有进小区，居委会的人已经堵在那里了。经过协商，最后决定，把儿子抱到大姨妈家，我才能回家，而且这期间不能见儿子。这样也好，毕竟是为儿子着想嘛。

我背着包走到楼下的时候，大姨妈正牵着儿子下楼。儿子一看到我，惊得叫了起来，就要往我这里冲。大姨妈一把抱起他，说着什么。他也许听懂了，不吵也不闹，睁着大眼睛，直直地盯着我，慢慢从我眼前走过。

我经历过无数次分离，承受过种种心痛，但是，这一次最尖利，仿佛从我眼前划过的不是儿子的身影，生生就是我心里撕裂的一块肉。不过，我没有让眼泪冲出来，而是高高地举起右手，挥动着，发出欢快的喊声。

儿子看得到，也听得见，但是，他并没有回应。我很难猜测那一刻，他在想什么，但我能感觉到他的心在往下沉，完全无助。

假期结束，我就赶回了深圳。忙碌之余，照旧给家里打电话，可是，儿子不肯接了。老婆传儿子的话："我不喜欢老爸了。不过，他要是回家，我还是喜欢他的。"然后，老婆补充说，儿子现在越来越沉默了，不像以前那样爱说爱笑爱下楼玩了。

我听了心里自然不是滋味，于是盘算着把老婆也调到深圳，这样一家人就可以在一起了。老婆听了，坚决不同意。7 月 1 日，老婆直接带着儿子到深圳来找我。那时，深圳刚刚解禁。

我到火车站接站。儿子扑进我的怀里，说：“老爸，回家吧，我不要你藏在电话里。”

儿子的一席话扎痛了我的心窝，我能掂量出儿子幼小的心灵承受了多少相思之苦，这些本不应该属于他。

还儿子正常的家庭生活！我没有再犹豫，打点行装，跟着老婆儿子回武汉，和深圳做了彻底的了断。

糖果当作玩具

养孩子，最初遇到的难题就是吃。

儿子是母乳喂养，断奶之后，老婆就很精心地熬粥，再把青菜叶子切碎了，加进去。青青白白一碗，热气腾腾地端上来，确实好看。但不能马上喂，要用勺子搅动，直到热气散开，再用嘴唇试一下温度，不冷不热，刚刚好，这才能舀起一勺往儿子嘴边送。

儿子领不领情，却是另一回事儿。心情好呢，他就张开嘴巴，给妈妈一点面子，吃上两口；稍不如意，他就一转身跑掉了，满屋子乱窜，从后面追都追不上，更别说端着一碗粥，举着一个勺子。

老婆累得上气不接下气，最后终于想出一个高招。儿子爱听故事，那么好吧，请坐下，自己把故事书翻开，听妈妈讲。这一招很灵。儿子一听说要讲故事，绝对是欣然领命，端坐在小板凳上，故事书就搁在自己的小腿上，小手翻一页，就让妈妈讲一页，还不能糊弄，每一页是什么内容，他全清楚——那都是他听过无数遍的故事了。

老婆讲故事的声音特别动听，就是个男人，都能被瞬间抓住。小男子汉当然无法抗拒，睁着一双大眼睛，盯着故事书，耳朵向外张开，生怕漏掉一个音符。

儿子完全入迷，一脸专注。这时，老婆再喂一勺粥，他就会张大嘴巴，顺利吞下，还有点担心会影响故事的连贯呢。这样一来，儿子就好喂养了。我总结了一下，就是故事拌稀粥。

当然，粥不能一成不变。先不说儿子接不接受，光说老婆这边也不会答应。老婆在嫁给我之前，是个衣来伸手，饭来张口的娇娇女。下了夜班回家，先睡一觉，无论什么时候醒来，总有热乎的饭菜端到床头。我岳母绝对是一等一的贤惠能干人。她来我家帮着带儿子，一顺手就把我家里里外外收拾得干干净净，锅底反光，灶台锃亮，就连洗碗槽底也能照出人影来。

老婆自从跟了我，别的先不说，厨艺绝对是突飞猛进，从不会拿锅铲，到鸡鸭鱼肉全套烹制，只用了眨眼的时间，而且手艺仅次于她大姐——大姐可是拿了证的厨师呢。

有这般厨艺，自然有用武之地。儿子的粥花样翻新特别快，有时候是青菜，有时候是肉末，有时候是鱼片……

有一次，老婆做的是财鱼片粥。端上来，照旧是儿子翻着故事书，不时张嘴吃一口。突然，儿子停住了，小嘴巴嘛了几下，吐出一根鱼刺。这一吓，非同小可，老婆一边抹着冷汗，一边就地取材，捏着鱼刺教育儿子说："贝贝，吃饭要小心，咬到硬东西，一定要吐出来……"儿子似乎很懂，顺从地点着头。

我在一边看着，庆幸之余，有些佩服这小子：我一直以为有了故事书，他就完全分神了，每一口粥都只是糊弄进去的。看来并非如此，他能一心二用，一边专注地听故事，一边还能认真地品美食。

为了能让儿子更顺利地吃一日三餐，我和老婆拿定主意，尽量不给他吃零食。最常见的零食就是糖果。我们去参加朋友的婚礼，总会带回来一些喜糖，喜糖除了糖纸五颜六色，还有很漂亮的外包装盒子，很是诱人。

糖果带回家，我们也不会藏起来，而是大胆地放进儿子的玩具堆里。儿子坐在地上玩玩具，很高兴又多了一些新成员。他会用小车把糖果装上，从一边运送到另一边；也会把糖果放进小桶里，盖上盖子，放进箱子里面……不过，他一直不会去剥开糖纸，将糖送进嘴里。

这也许就是孩子对世界的认知吧，他们认识世界的过程，就是我们引导的过程。

有一天，我们到大姨妈家去玩，茶几上放着一盘子糖，儿子根本不往那里看。大姨妈很奇怪，问我们是怎么回事？我们悄声一说，她就笑了，说："这怎么行呢？得告诉他。"

然后，大姨妈拿了一颗糖，塞给儿子。儿子接过来，就跑到一边玩去了。过了好一会儿，大姨妈发现那颗糖还捏在儿子手里没动，就彻底相信了我们的话。不过，她要引导儿子正确地认知了，就抓起一颗糖，做示范，剥开糖纸，放进嘴里，还闭上眼睛显出一副沉醉的样子。

儿子很惊奇，望着妈妈。妈妈觉得是时候了，就笑着说：“这可以吃。”

儿子这才剥开糖纸，犹豫着放进嘴里，愣了片刻，就笑了起来。这一次，他一定是尝到了甜味，才头一次发现，原来，在手里玩了这么久的玩具，是可以吃的呀！

我们当时都笑了。但事后想想，其实并不好笑。我们每一个人哪怕长到八十岁，也会有自己的盲区，相对无边无际的世界，我们依然是幼稚的。

笑话儿子，我们只是五十步笑一百步吧。

画　字

我是 20 世纪 60 年代末出生的农村人，生活极其困难，特殊年代的特殊成长经历，没有太多可以借鉴。不过，我还是总结出了一个共同点：人这一辈子，须找一件自己最喜欢的事去做，才踏实。

从小学开始，我的作文就是范文；到了小学五年级，更是成了免检产品，老师拿到手里就直接读给同学们听了。用现在的话说，这家伙天生就是一个作家的料。可惜，那时没有人告诉我。后来，为了确保高考上线，跳出农门，我不得不放弃文科，学习理工科，因为数理化是我考试的强项。

大学四年，我一直写日记，心中充满了煎熬，渴望能摆脱繁重的理工科学习而转专业，可是无门。毕业的时候，我就立下誓言：我要从事写作。

那时，除了反复地读《红楼梦》，对于写作，我是零基础。所以，同学们都说我脑袋进水了。我却说，一个人一辈子用心去做一件事，不成功的概率很小。哈哈，典型的理工男的人生推算。

参加工作前 6 年，我一直在干一些与专业相关或者不相关的杂事，利用业余时间阅读写作。直到调入杂志社，才感觉人生进入了正轨。

一个人爱好的种子，是在童年种下的。我深信这一点，所以，就试探着帮儿子播种。

最开始，儿子去学过声乐。参加幼儿合唱团，唱了几天，发现他并不在行，也不喜欢，于是，退出了。

像大多数孩子一样，儿子喜欢看动画片。那时最流行奥特曼，他不仅喜欢学着奥特曼的样子和我武打（当然，我就是怪兽了），还喜欢到处乱涂乱画，四不像的画面随处可见。

我看着满屋的零乱，心里不仅没烦，反而一喜：这也许正是他喜欢的，何不帮他试试？

于是，我问他愿不愿意去学画画，卡通画。他一听，高兴得蹦了起来，一拍即合。青少年宫正好有个卡通画启蒙班，老师是个五十多岁的精瘦男人，经验丰富，脾气和缓。

儿子一接触画画，就如鱼得水，一头扎进去，不知疲倦。小手捏着铅笔，吭哧吭哧，看着歪歪扭扭，提心吊胆，但最后总能画出一幅像模像样的人物画。

我着实有些吃惊，因为那些画，如果让我来画，恐怕都难。

有这样感觉的并非我一人，老师也对儿子赞赏有加。青少年宫院子里有一扇玻璃橱窗，用来展示学员的画作，儿子的画经常被挂在里面。

那段时间，儿子已经适应了幼儿园的生活，每天背个小书包，来来去去，像个小大人。

有一天，回到家，他从书包里拿出幼儿园发的一本名为《帮你早读书》的图书，翻到白居易的一首诗——“离离原上草，一岁一枯荣。野火烧不尽，春风吹又生。”又拿出一个写字本，准备抄写。

我大惊。儿子从来没有学过汉字呀，怎么会抄这首诗呢？随便扫一眼，都是那么复杂的汉字。

但我没敢作声，憋着，假装毫不在意。过了一会儿，我若无其事地凑过去，一看，他已经把“离”写完一个了，正在写第二个。我有点不敢相信自己的眼睛，就盯着他写。

他并不是先写顶头那一点，而是画了两个框，一个朝上，一个朝下，然后，再一步一步把两个框填满……哦，我明白了，他根本不是在写字，而是在画字。无论多么复杂的汉字，在他看来，不过是一幅画。千丝万缕的卡通人物都画了，还在乎这寥寥几笔的汉字吗？

我有点庆幸让他学习了画画，在一幅一幅卡通人物完成之后，他已经练就了临摹的本领。也就是说，学会了观察、拆分，再复杂的东西，他都能找到一个切入口，然后，慢慢进入，逐步解决。

儿子的画字也让我得到启示：我们的人生其实都是从模仿开始的，每一次学习都是模仿，可以说，模仿就是基本功。在不断的模仿中，我们具备了扎实的基本功，才能去创造。

我的写作经验也是这样：阅读，写作；再阅读，再写作——学习，创造；再学习，再创造。

有位画家朋友提出，孩子不要跟老师学画画，那样会把头脑格式化，扼杀孩子的创造力，让孩子自己画就好了。也许是他的经验之谈吧。

我想说的是，跟老师学画画并不可怕。只是要把握住，模仿不是目的，而是为了创造打基础。如果家长懂了，孩子也会懂，孩子懂了，就不怕了。

当然，还有人质疑：孩子这么小就画字，到了上小学学习汉字时，就会发倒笔，怎么办?

这种担忧看似有理，其实多余。我本来也没有告诉儿子怎么写字，是他自己在画。等到了学习汉字的时候，老师自然会教笔顺。那时，他已经会写字了，剩下的只是调整笔顺，相对那些不会写字的孩子，还是容易多了吧！

学围棋

学围棋可不是为了寻找儿子的爱好，而是要训练儿子的定力。

起初，我和老婆都发现了一个问题。儿子在同龄人中已经算是安静的那一种了，可是，专注力还是不能持久。比如，让他自己看图画书，他也能坐下来看，可不到三页，就要起身转一圈，要么喝水，要么上厕所，反正有的是事儿扯。

我们并不是天生的教育家。老婆深知这一点，就多方学习交流求教，从书本里，从亲戚、朋友、同事等等一切有经验的人那里，久而久之，她就养成了两大爱好：一是好学习；二是好打听。

儿子在武汉市第十六幼儿园，陈老师一直带班，老婆经常和陈老师交流。有一次，老婆从陈老师那里打听到不远处的第十五幼儿园有个幼儿围棋班，口碑还不错。于是，儿子就顺理成章地成为了第十五幼儿园幼儿围棋班的一名学员，上课时间当然是在晚上。

围棋老师是个大汉，个高体胖腿有残疾，手里捏着一根不锈钢拐杖，样子很凶，说话却温言细语，深得幼儿喜爱。儿子一进拐杖老师的班，就喜欢上了围棋，后来居上，棋艺在班上数一数二。

每次晚上上围棋课，都是我接送。我骑辆自行车，把他载在后座上。他就在后面给我讲打劫做眼的事儿，喋喋不休，没完没了。围棋我也是懂的，就接他的话，来一句，应一句，见招拆招。不过，有时候，我还真招架不住。不知是他棋艺高超，还是我棋艺太臭。

有一次，武汉市举办幼儿围棋大赛，拐杖老师挑选出班上的种子选手，儿子位列其中，还像模像样地发了参赛证。

比赛日一大早，我和老婆就护送儿子来到赛场，是离武汉大学正门不远的一个院子里。院门有人把守，家长被挡在门外。外面是不算宽敞的街道，挤满了幼儿们的家长。

一直到中午，儿子才从院子里钻出来，告诉我们，他一直在赢，下午还要接着比赛。我和老婆高兴坏了，连忙带着他去吃东西，然后，又把他塞进院子里。

夕阳西下的时候，儿子出来了，一脸不高兴，说他输了。我们本来就没指望他能一直赢，就怀着兴奋的心情安慰他，三言两语，他就又高兴起来了。

回来之后，儿子依然喜欢每周定期的围棋课，我照常接送。有一次，我又去接儿子，儿子正和一个同学杀得难分难解。拐杖老师把我拉到一边，很认真地说："黄岭贝有天赋，才学了一年，在班上已经拔尖了。这次大赛，他一直杀到最后一轮，赢他的那个孩子大他三岁呢。"

我听了之后，自然高兴，回家和老婆一商量，觉得可以帮儿子再加一把劲儿。于是，我们到书店买了围棋入门之类的书，塞到儿子手中。

儿子也乐意看，一边看还一边摆开棋谱，沉迷其中，不知斗转星移。我也暗自高兴，不是想让他练定力吗？现在就算想把他从棋盘旁拉走，也得费九牛二虎之力了。总之一句话：效果达到了，且极佳。

随着时间的推移，儿子进入了小学，晚上的时间不像幼儿园那么空闲了，每天都有学校布置的家庭作业。那可是硬指标，必须照单完成。

围棋这边，儿子的水平也越来越高，拐杖老师已经把他列入种子班。这个班的学员要经常参加各种比赛，而要在强手如林的赛场上拿名次，就必须加强训练。强化到什么程度？我一打听吓了一跳：一周至少要上五次课。也就是说，平时的每个晚上几乎都要搭进来，也许还要占用休息日。这也太狠了吧！

我和老婆细商量：这时间搭不起。再说了，起初的目标也不是去比赛，只是练练定力，既然目标已经达到，就可以收场了——停掉围棋学习。

儿子一听就不高兴了。不高兴也得停，总不能因为围棋耽误正常学业吧。

那天晚上，我带着儿子去上了最后一次围棋课，并当着儿子的面和拐杖老师摊牌。老师尽管非常惋惜，但也只有尊重我的意思。

下课后，我让儿子先坐到自行车后座，刚准备骑，就听见抽泣声。于是，我推着自行车边走边讲道理。但不论我说什么，儿子都不说话，只抽泣。我的火气就冲上来了，一把将他提下来，放在地上，说：“你哭吧，什么时候哭好了，我再来接你！”然后，我推着自行车大步往前走。

儿子一定是吓坏了，哭声破口而出，大步追上来，紧紧抓住我的衣角不放。我抱起他，放在后座上，不管不顾地骑车回家，一路上他都在断断续续地抽泣。

儿子的围棋生涯就此结束。

时至今日，每每想起这一幕，我都不能原谅自己。明明是我在夺走儿子最心爱的东西，却夺得理直气壮，和一个暴君毫无区别。这样的事情我干了也许不止一件两件，打着爱的名义，扯着为儿子着想的幌子，去肆意地打击他、伤害他……

对儿子来说，我是不是在“犯罪”？这个问题让我心底发冷发颤，无法面对，最终只得选择逃避。

学英语

道生一，一生二，二生三，三生万物……几千年前，老子写在《道德经》里的这句话，用在我老婆头上，正合适。

我老婆有一副热心肠，在家长堆里广交流，好打听。青少年宫是个培训的窝子，从幼儿园到小学到中学，从绘画到舞蹈到文理综合，应有尽有，无所不有。

这天，老婆不知从哪里得到一个信息，就在儿子学习绘画的隔壁教室，有一个幼儿英语班，人员爆满——不用问，一定是老师超群。她要给儿子也报一个。我一听就摇头说，儿子才四岁，学什么英语？

英语在我心里就是一个永远的痛。我是个农村孩子，初中开始学英语，纯正的“哑巴英语”，每一个单词的读音是用汉字在旁边标注的。比如，“老师”就是“踢球”，“学生”就是“屎丢蹬它”……而且平时谁都不读出声，只是在心里默默地踢，默默地蹬。中考时，我的英语才43分，就那样，还考上了当阳一中，真是得亏我其他科目超级强悍。

一上高中，我们的英语老师就用纯英文教学。我一听，当时就只想撞墙。老师把我拦住了，用蹩脚的普通话劝我，不要怕，先把单词背下来，再把课文背下来，慢慢来，一切 OK。我竖起耳朵勉强听懂，直接怀疑他是因为汉语说不好，才改说英语的。往事不堪回首，就不回首了。

我这点底子，老婆全知道。她说，孩子学习英语就是要趁早，汉语还没有定型，英语在他们心目中也不会太难；再说，幼儿班学的是“GO GO英语”，非常好玩，就跟做游戏一样，孩子很容易接受……

老婆说话一套一套的，就跟一个教育专家差不多了。我心里服气，当然就服从了。

儿子一学“GO GO英语”，果然入迷了。每次回家，小书包里背着教材，还有光碟，他自己就会把电视机打开，把光碟放进光碟机，然后，搬个小板凳坐到电视机前，津津有味地观看。

老婆在厨房，我在客厅转来转去，就见儿子跟着动画片，一会儿唱，一会儿笑，完全是疯傻相。我摸到他身后认真地看过几次，还是没有认出那个“GO GO”到底是个什么怪物。管他是什么鬼，只要能把儿子逗乐，就是好鬼。

教儿子英语的是一个年轻的女老师，姓陆，长相清秀，声音甜美，能像糖果招引蜜蜂一样，把孩子们都吸引到她身边。有时候，我接儿子去得有点早，就趴在窗口听了几次课，确实服气。

可是，好景不长。有一天，陆老师突然宣布不干了，要离开青少年宫。儿子把这个消息带回家，老婆就问儿子怎么想。儿子说，他只跟着陆老师。于是，老婆就给陆老师打电话，一问才知道，陆老师是出来单干了。这个好办呀，让儿子跟着陆老师迁徙。

陆老师在自家小区租了一个教室，办了一个班。这个班的学生年龄就不像青少年宫那么整齐了，有幼儿园的，有小学一到六年级不等，而且也不再学“GO GO”了。

我和老婆心里都有点打鼓，但还是决定把儿子送进去，观察一段时间。

事实证明，我们的担心纯属多余。儿子并没有丝毫不适应，每天回家就讲学英语的开心事儿，老师不仅在他的本子上画星星，上课回答问题，老师还在他额头上贴星星。这一招可真够狠的，就为了星星，儿子铁了心要学英语。

儿子在班上年龄最小，我想着能够跟大孩子们凑凑热闹，也行呀。可是，慢慢地，发现儿子是不甘于只凑热闹的，他学得极认真，每次作业都完成得质量很高。我还意外地发现，他的英文书写非常漂亮，看起来就像五线谱，极有美感。

我把这种感受告诉老婆。老婆很不屑地说：“你才知道呀？陆老师总在班上表扬他，让高年级的孩子都向他学习呢！”啊，有这事儿？看来，我对儿子的关注确实远远不如老婆。

我虽然粗心，但有一件事还记得清楚。那天晚上老婆上夜班，我有个应酬，就让外公到家里来照看儿子，等我回家就可以了。那时外公外婆已经从北湖农场老屋搬迁到钢花120小区，离我们家不算太远。

不巧的是，天下着大雪，更不巧的是，儿子正好有英语课。我打电话给儿子说，雪大，外公年纪大，今晚的英语课就不上了吧。儿子不肯，闹着非要去。外公又是极依顺着他的，自然就拉扯着，一起冒雪出了门。

我这老岳父对自己的五个女儿从来就是黑脸铁面，老婆经常讲她读书的时候，晚上一打瞌睡，后脑勺就“咚”地起个包。可是，到了我儿子这里，老岳父就完全变了一个人，百依百顺，任劳任怨。儿子就算骑在他脖子上撒尿，他也会笑眯眯的。

当然，儿子也是极知好歹的。他上了大学后，第一学期回家，专门带了礼物去看望外公。我跟进去的时候，发现儿子把外公扳倒，两个人一起斜躺在床上谈心呢。这情景完全出乎我的想象，简直让我羡慕嫉妒到恨。要知道儿子跟我都没有这样随意的举动。

闲话少说，言归正传。我得感谢那场雪，因为有了那场雪，我看到儿子身上已经具备了坚持的品质。我本来一直担心，想找机会磨炼，看来都不用了，兴趣是最好的老师，一切顺其自然就挺好。

有热爱，有投入，就会有收获。后来，武汉市举办了一次少儿英语大赛，陆老师要儿子去试一下。我和老婆都有些顾虑，因为参赛者都是小学生，甚至高年级居多。但是，既然老师说了，就去试试吧。

结果完全出乎意料。陆老师挑选的种子选手中，唯一获一等奖的竟然是儿子这个学龄前儿童。

儿子的英语基础打得牢实，小学阶段也没有间断课外培训。上了初中，学业太忙，就放弃了英语课外培训。不过，在强手如林的中学班级，他能一直担任英语科代表，可见实力还行。

我倒没太在意儿子的英语成绩，只是在他耳边唠叨：要把英语口语搞利索，以后，地球就是个村子，在村东说汉语，到村西就得说英语。

儿子听了总是呵呵一笑，我至今也不知道这呵呵的具体含义是什么。

手心算

还是那句话，道生一，一生二，二生三，三生万物。

老婆就是去幼儿园开了个家长会，回到家里，又生出事了。她说，幼儿园要办一个手心算的培训班，正在报名。她准备给儿子报一个。

我一听，心里就紧张了。首先，儿子渐渐长大，我倾向于给他更多自由的时间。更要命的是，手里缺钱，报名就意味着要交钱呀。

那时我刚从深圳回来，没打算出去找工作，准备就当个自由写作者。写作本来周期就长，再加上我又不是热门作家，收入自然没有保障，一家人的生活全指望老婆的工资。

就在 9 月份，儿子幼儿园报名的时候，一学期学杂费加起来总共要 1000 块吧。这一下就把我给难倒了，把家底都翻出来，也没凑足。我信心满满地去找一个做生意的朋友借，没料到他支吾半天，告诉我公司资金周转不灵，拿不出钱来。没有其他办法，我只有去找亲戚借钱，才勉强渡过难关。

老婆是我们家的财政部长，当然知道家底深浅。不过，她态度很坚决，说咱们不能因为穷，就让儿子受到影响。忍一忍，一切都会过去的。

我被她的气概感染了，就说报名当然可以，不过也得征求儿子的意见，不要强迫他。

老婆让我放心，有两次试听，让儿子自己决定。

手心算培训是在放学之后，一个二十出头的女老师上课。教室就选在幼儿园二楼，愿意试听的孩子都集中在里面，小桌子小板凳，来接孩子的家长也都围在后面。我本来是不喜欢凑这种热闹的，不过这次不同，一是手心算是个什么东西，我还是第一次听说，想了解一下；二是观察儿子到底有没有兴趣，这直接关系到我口袋里粒粒可数的钱呀。

于是，我也站在教室后面，挤在家长堆里，认真听了一次手心算。

还真是挺开眼，原来，手心算就是用左右手的 10 根手指来做各种计算，非常灵巧。孩子们都跟着老师伸出两只手，扳着指头背口诀，一片喧闹。唯独儿子没有把手伸出来，而是深深地藏在桌子下面，两眼盯着老师。我隔得远，又不好意思过去提醒。

下课之后，我牵着儿子往外走，问：“喜欢上这个课吗？”

嗯。儿子点着头，没有多话，但态度很明确。

我奇怪地望着他，问："别人都把手伸出来了，你为什么没有？"

儿子没有回答，低着头，默默跟着我走。

幼儿园门口有一个面包店，里面的面包蛋糕都是当天烤出来的，生意很火。放学的高峰已经过去了，这时，面包店里的顾客相对少了。我牵着儿子进去，要了一袋面包，5 块，再要一袋蛋糕，6 块，然后，让营业员算账。

"11 块。"账算出来了，不是营业员，是儿子。

我心里动了一下，侧脸望着儿子。他正保守地伸着两只手，把手心算现学现用了。那一刻，我就决定了给他报手心算培训班。

回家之后，我把这些细节讲给老婆听，老婆反而觉得我大惊小怪。她说，儿子跟外公在一起时间多，外公是个读老书的人，处世哲学就是严谨、保守、低调，除此之外，对钱还看得特别紧，这些性格多多少少都影响着儿子。

我再一细想，果真是这么回事。随着时间推移，儿子渐渐长大，严谨、稳重、低调的性格在他身上体现得越来越明显。在他面前，有时候我觉得自己倒像个孩子了。在他身上，保守倒不明显，也许是我太不保守，把他扳过来了吧。

儿子自从上了手心算培训班，计算热情陡增。

家里买回来鸡蛋，他就把鸡蛋分成好几堆，翻来覆去地加，折腾到最后，就得出了一个惊人的结论："好神奇呀，每次结果都是一样的——20 个！"

我也跟着起哄："是呀，这个世界就是这么神奇，还有好多你都没发现呢！”

这话一出口，就收不了场了。儿子计算的热情完全爆发，把自己的玩具摆满一地不说，冰箱里的水果蔬菜，柜子里的碗筷，无一幸免，都被他一一翻出来，挨个计算。

老婆开始抱怨了：“每天跟在儿子屁股后面，收拾不过来呀！”

这回轮到我站出来为儿子伸张正义了：“家里乱点怕什么？要保护儿子的热情。这种热情不常有，也不会长久。”

果然不出所料，一段时间的天翻地覆之后，儿子的热情渐消，家里又回归到有序状态。因为这时，他的手心算已经达到相当水准，大概不屑于再搬动物件了吧。

说到底，我还是服老婆的。儿子有了手心算的功底，进入小学之后，数学课直接进入状态。不过，他还是不愿意把手伸出来，而是放在课桌下面，啪啦啪啦就算出个结果来了。

各行各业都有童子功，手心算应该是儿子在数学方面的童子功吧。小学阶段，他进入课外奥数班，在班上一路领先，每次参加竞赛，都会有奖项入账。

数学功底好，直接带动理科，相对占有优势。初中阶段，儿子的物理有满分的记录，这在重点中学的重点班，也是少见的。上了高中，经过层层选拔，他进入了重点中学理科实验班化学竞赛组，竞赛成绩也在前列。

吹笛子

老婆和同事到桂林玩了一趟，给儿子带回一个玩具。准确地说，是一段竹筒，有点像箫，但不是。一拃长，里面有个泡沫塞子，用一根铁丝牵引出来。含着竹筒一头，一边吹，一边拉动塞子，就会发出各种声响。

儿子一下就迷上竹筒子了，每天晚上回到家里，第一件事就是吹竹筒，吹得口水横飞，没完没了。我怎么劝说他都不肯停止，只有吃饭的时候才把嘴巴腾出来，竹筒还不能离开视线，就放在饭碗旁边。

为这事，我没有少埋怨老婆："你带个什么回来不好？偏偏带个噪声制造器，这下可好了，家无宁日。"

我这话没有激起老婆的愤怒，反而激发了她的灵感。她一拍手掌，说："对了，我们何不让儿子去学一样乐器呢？"

她这一拍手，真把我吓得不轻。说到底还是钱，那阵子刚从深圳回汉，日子已经窘到了谷底。记得有一次她跟她二姐去逛街，帮我买了一件汗衫，30块钱吧。为这事我发了很大的脾气，说是不需要汗衫，其实是心疼钱。至今回想，心里还是痛。

学乐器，那可不是好玩的，每节课至少要30块呢。

老婆当然知道家里的底子，也知道外面的行情。她也没有了惯有的乐观，只是说："我们慢慢想办法。"

想办法？呵呵！从深圳回来，我已经在家里坐了4个月，每天趴在电脑上，从早写到晚，稿子发出去不少，钱几乎颗粒无收，屁股自然就坐不住了。

就在这个节骨眼上，好友雷超到家里来坐坐。那时，他在"阳光喔"作文培训学校任教学总监，问我想不想出来做事。我已经走到山穷水尽处，哪有不想做事之理？于是，他把我引荐给"阳光喔"的老总。

"阳光喔"是一所全国连锁的作文培训机构，武汉本土就有一万多学员，我进去是做图书出版。我雄心勃勃，准备在少儿图书领域大展拳脚，但老总偏偏限定只做自己的教材。

这不是我想要的，但我还是尽心尽力做了4个月，趁着春节放假，就辞职了。因为工资比较高，很快就攒了一笔活命的钱，心里有了些底气。

第一个月工资到手，我们就商量给儿子找音乐老师。一提起这事，我头脑里一抹黑。老婆说别急，先问问儿子想学什么。其实儿子能懂几个乐器，不过，他正迷恋着竹筒子，自然而然就选择了一种相似乐器——笛子。

笛子老师哪里找？老婆有办法。她先去找教儿子英语的陆老师打听。陆老师果然知道有个退休老头专门在家教笛子，姓姚。顺藤摸瓜，我们带着儿子找到了姚老师家，相约同来的还有老婆同学的女儿惠惠，和儿子一般大。

姚老师望着这两个比笛子长不了多少的“豆芽菜”，摇着头说：“这么小的孩子，恐怕连笛子都吹不响吧？我不能收。”

老婆一听就急了，说：“来都来了，就让他们试试吧，吹得响就收，吹不响就走。”

姚老师答应了，稍微做了个示范，没料到两个孩子马上就学会了，拿起笛子吹出了响亮的声音。于是两个孩子被收留下来。

笛子课虽然每周只上一次，但是，每天都要练习。儿子最早学的是《两只老虎》，每天晚上都很认真地吹着老虎，面前竖起乐谱架子，上面放一张乐谱，像模像样。

我虽然平时爱唱歌，但从来就不识谱，是个纯正的乐谱盲。看着儿子一天天由稚嫩到熟练，掌握了一首又一首乐谱，我真是打心底里有点佩服他呢。

这还仅仅只是开始。后来，他学会了越来越多的曲子，《姑苏行》《喜相逢》《鹧鸪飞》……一首接一首，越来越顺溜。姚老师常常夸他悟性高，好多高年级的学生都不如他。

姚老师这话不是说说而已，每次有机会外出表演，儿子都能有幸参加。

儿子也特别喜欢吹笛子，家里来个亲戚朋友，让他吹一曲，他从不含糊，横笛一吹，准能让客人眼睛放光。有一次回老家，他也带上了笛子。除了吹给爷爷奶奶听，我还带他到我小时候放牛的山上吹。他站在松树下，吹奏着笛子，声音随山风飘远，格外有意境，真是难得的享受。

儿子因喜爱而投入，每次考级，成绩都很优秀。后来，他一直考到了最高级十级。姚老师说，这是他教过的学生里面，用时最短的。那时，儿子小学即将毕业，姚老师建议他去考音乐学院附中，以后可以走音乐这条路。

我们试探着问儿子，儿子摇头。他说还是喜欢画画更多一些。我们心里也没底儿，于是，就没有采纳姚老师的建议。

垃圾收拾员

老婆很注重儿子的知识兴趣培养，从看图识字到讲故事，从英语、手心算到吹笛子，我都还是支持的。不过，我更看重对儿子性格、习惯的培养。这一点，老婆当然赞同。我们达成共识，只等在儿子身上试验了。

刚从白玉山搬到鹤园时，儿子才两岁多，走路还不是很利索，上下楼梯还要扶墙。到了晚上，他就吵着要下楼去玩。当然没问题，不过有个条件，就是儿子得把垃圾桶里的垃圾袋提在手上，带到楼下，扔进垃圾箱。

最开始，这项任务对儿子来说是有相当难度的。我们就鼓励他，任命他为我们家里的垃圾收拾员。垃圾收拾员在他心里也许是个很神圣的职务，他总是很认真地对待倒垃圾这件事。有时他也会玩忘记，但只要我们一提醒，他马上就去履行垃圾收拾员的职责。

我当然也不是撒手不管，一般都会跟在他身后，下了楼，找到垃圾箱，看着他往里面扔。他个子不够高，如果垃圾袋重一点，他就扔不到箱子里面去，提着袋子很为难。

这时，我就会说："自己实在做不到的，可以请人帮忙呀。"

"老爸，帮我扔一下。"他学得挺快。

我接过垃圾袋，还没有扔，他撒腿就跑，慌着去找小朋友玩。我在后面叫他："不说谢谢就跑了？"

"谢谢！"他喊了一嗓子，显然很敷衍，脚步不肯停。

我不会跟他较真，习惯得慢慢养成。再说了，也要尊重他的天性。这个度的拿捏我一直很小心，虽然说没有规矩不成方圆，但从心底里我真害怕他变成一个中规中矩的人。

随着年岁的增长，儿子走路稳当了，也就成了我们家称职的垃圾收拾员。上了幼儿园，晚上回家想看看电视，我们就提醒他，垃圾还没倒呢。他从不拖沓，很快起身，提着垃圾袋下楼一趟，再上来看电视。上了小学，晚上趴着写作业，我们也会提醒他倒垃圾。他毫不含糊，跑下楼，倒了垃圾再来写作业。

我觉得把儿子培养成一名垃圾收拾员，就很够意思了。没想到老婆比我更狠，她要把儿子培养成洗碗工。

儿子还没有灶台高，老婆就搬来一只小板凳，给儿子搭了个台子。儿子站在板凳上，勉强能把双手伸进锅里。

老婆常年在手术室工作，做什么都讲究流程，洗碗自然也不例外。她先教儿子把碗筷盘子放在锅里，用清水漂一遍；然后，拿起来，抹上洗涤剂；最后放到水龙头下冲洗。

儿子喜欢玩水，所以，对洗碗这样的脏活累活一点也不嫌烦，反而充满了极大的热情，刚刚学了个皮毛，就把他妈妈赶出了厨房，非要自己独立完成。

老婆从厨房出来，并没有灰溜溜的感觉，反而向我做了个剪刀手。我就趴在门边往里偷看，只见儿子像模像样地一手拿着盘子，一手拿着洗碗布，往盘子上抹洗涤剂。盘子太大了，小手抓不稳，不时会掉到锅里。儿子自己吓一跳，然后，又抓起盘子笑起来，完全属于自娱自乐状态。

折腾好半天，儿子终于从厨房出来了，完成任务，一脸骄傲地让妈妈进去检查工作。老婆看了一眼，直夸儿子能干，然后，就让儿子到房间里玩他的玩具去了。

老婆转身回到厨房，又把所有的碗筷重新清洗了一遍。我跟进厨房，想嘲讽她两句。她竖起食指，让我别出声。她说，别让儿子知道，要给他信心。我马上收住笑，懂得老婆的用心，也从心里服了她。

一回生，二回熟，三回四回成老手。儿子没用多久，碗就洗得干净了。老婆再去验收，就不用重洗了。她果然如愿，培养出一个合格的洗碗工。

老婆在手术室工作，业务能力超强，收拾家务自然不在话下。后来，她又教儿子早上起床叠被子。儿子很快就掌握了，每天把自己的被子叠得整整齐齐。

老婆趁热打铁，又教儿子叠衣服。每次把晒干的衣服收到床上，都是一大堆。老婆就手把手地教儿子如何叠上衣，如何叠裤子，然后，分门别类，放进不同的柜子和抽屉里。没用多久，儿子就全部掌握，有时老婆上夜班不在家，收进来的衣服全部是儿子处理。

补充一句，在叠衣叠被方面，我的能力极差，所以，儿子很轻松地就超过了我。我还是不求上进，也无意与他一决高低，只是在一旁看着，为他骄傲。

儿子从小参与家务事是非常有必要的。首先，锻炼了他的动手能力。手脚是由头脑控制的，多动手，头脑自然也就变得灵巧起来了。其次，在动手做家务的过程中，他可以了解到事物的细微处。比如，家里垃圾袋和垃圾桶的关系，楼下垃圾箱和清洁工的关系，还有洗碗的流程，等等，这些又何尝不是一种知识呢？有了这些知识，他也许就更容易理解这个世界，接受这个世界。还有，做家务让他付出了劳动，初步尝到了辛苦的滋味，渐渐养成吃苦耐劳的习惯，也就能体贴父母的辛劳，自然而然就克服了娇纵任性。

邻里关系

住在白玉山的时候，因为杂志社有创作假，我经常在家里，与楼栋里的邻居们见面多，再加上地处偏远，人就更加有亲近感，所以，邻里关系非常融洽。

搬迁到鹤园小区，就算是从城乡接合部到了城里，一下感觉到了城市气息，包括“鸡犬相闻，老死不相往来”的习气。我住在 7 层楼的 5 楼，对开门，一个单元 14 家。最初，大家进进出出，形同陌路。我很不习惯，总是为此感到紧张，有时甚至影响心情。

从“阳光喔”辞职之后，为了维持生活，我就办了个“开皮豆作文培训班”，专门教小学生写作文。因为是课外培训，我只用周末去上课，平时就在家里搞自己的创作。

在家里时间多，自然跟邻居碰面的机会就多，而且都是在一些闲散的状态里，不免就心照不宣，相互一笑，有时还会聊上两句。

渐渐地，我基本了解了整个楼栋的家庭结构。我并不是一个好打听者，但长期比邻而居，总要知其大概吧，否则，我总会有和幽灵相邻的错觉。

这也许和我在农村长大有关吧。小时候，一个村里的人，没有一个不认识的，见面都是大声招呼。一条边住着五六家，我们这些孩子从来不见外，把每一家都当成自己家，随便出入。特别是夏天的晚上，端上饭碗，就可以挨家挨户去夹菜吃。

有了这样的童子功，我很快就和邻居熟悉起来。

101 夫妻俩刚刚退休，儿子和媳妇都是倒班工人，孙子刚上小学。这样熟悉，是因为我和他家共用一根网线。他家从电信局申请了有线网络，为了节省年费，就想拉几家入伙。整个楼栋也许就我穷得叮当响，一呼就应，从他家分出一根网线，顺着外墙一直牵到我家 501。然后，我和他分摊了年费，多年来合作愉快。

201 住着一对设计院的知识分子，夫妇都高大漂亮，彬彬有礼，一个儿子上小学高年级，个子也高，脾气也好。

202 住着祖孙三代，孙子大了，极少回家，儿子媳妇工作忙，早出晚归。我常常有一种错觉，以为这家就住着老两口。爷爷瘦高，是个退休校长，心脏做过搭桥手术，走路缓慢，说话缓慢，就连笑也是缓慢的。奶奶较胖，热心快肠，说话嗓门大。有一次，奶奶不知是因为什么做了个手术，回到家里休养，得知老婆在医院工作，就上来请她下去帮忙换药。老婆自然是爽快答应了。

老婆是怎么换的药，我没细问，但有一点我感觉到了，她换来了奶奶的心。爷爷奶奶平时喜欢捡拾一些废旧物品，用自制的小车拖到小区外面收购站去卖，还不知在哪里开垦了菜园，常常扛着铁锹出去，回来时就带着一篓子蔬菜。隔三差五，奶奶就会送一些蔬菜给我们家，搞得我们极过意不去，就买些水果去还情。

家里有老，是个宝。我不在家，有时会接到邮递员的电话，说一大包样书，放不进信箱里。我就告诉他，按101门铃，看有没有人。如果没有，我再说，按202门铃。我把每一个老人都当成自己家的，让邮递员放心寄存。

我和老婆都跟邻居熟悉了，儿子却不跟随。我从幼儿园接儿子回家，到了楼下，总会碰到邻居。我让儿子打个招呼，他却一低头就往前走了。

看来，上行，下不一定效。我不能跟他多说，那样他会更反感。我更不能蛮来，那样会适得其反。我知道这是考验我的时候到了，我得有足够的耐心，动用自己的头脑，和他斗智斗勇。

再在楼下碰到邻居，我也不提醒儿子打招呼了，而是有意和邻居站着聊些闲话。儿子自然不乐意，想离开。我不动声色，牵着他的手不放，然后，有意把话题引到他身上。邻居就会问他问题。一开始，他是半推半就地回答，答不全的，我再补充。渐渐地，他就习惯回答问题了，有时来了兴致，还会多出好多话来，把邻居逗笑，我心里也偷着乐。再后来，不用我提醒，他已经愿意和邻居打招呼了，“爷爷好！”“阿姨好！”说得自然顺口。

我们小区有个步行街，有人在上面画了线，还牵了灯，到了晚上，就成了露天羽毛球场。我和老婆都加入打球的队伍，和球友们打得非常开心，渐渐都成了很好的朋友。有时候，儿子也会到场边去观战，球友们也喜欢跟他开玩笑。

有一天，有一位球友对我说：“我今天在小区门口碰到你儿子了，他大老远就跟我打招呼，真有礼貌。”

听到这话，我暗暗松了一口气。儿子终于学会了和人相处中的一个首要项目。

和身边的人打个招呼，并不是什么大不了的事，但我觉得这是一个人能否融入生活的小小体现。换句话说，就是营造好自己身边的小环境，这会直接影响一个人的心情。

再则，我也不希望儿子用冷漠来标榜自己的个性。这个世界上谁没有个性？最成功的个性就是先融入，再出离，才有展示的机会，否则，就是孤立自己。

我年轻的时候也留过披肩的长发，骑着最拉风的山地车满大街狂奔；就是当秘书的时候，上班时间还把T恤衫前后反过来穿。但我保持一点，在机关大楼，碰到人就点头微笑。我融入庸常的人群，但不介入无聊的争端。

生活的路很长，与人相处有太多的学问，在儿子成长的过程中，我会慢慢告诉他。

读书和运动，一个都不能少

入　学

入学择校是一件很头疼的事情。

在金鹤园小区内就有一所小学，我进去转过几圈，也侧面打听过，不论是硬件还是软件都不满意。于是，放弃。

金鹤园小区按划片，应该归钢花小学。这是一所刚刚组建的学校，虽然提出了小班制，每班不超过35人，但我还是对那些刚刚招进来的老师不太放心。于是也放弃了。

我们看中的武钢第一子弟学校，虽然离金鹤园小区不算太远，但分属于两个区，学校在青山区，小区在洪山区。要跨区入学，难度可想而知。

天无绝人之路。关键时刻，还是邻居帮了大忙，我不得不庆幸自己良好的邻里关系铺垫到位。住在我家正楼上的郭老师，正是一小的语文教导主任。

不过，我和郭老师的交往并非一帆风顺，应该是不打不相识吧。

有那么一天，我下了班回家，一开门，好家伙，家里成了水帘洞。客厅天花板上，一道水幕哗啦啦往下流。我冲进去一看，不光是客厅，卧室墙顶也有水顺着往下流。我马上明白是怎么回事了，转头冲到楼上。

郭老师正浑身无力地坐在客厅里，显然也是急坏了。我比她更急，没说两句就喊叫起来。我买这房子已经是债台高筑，咬着牙好不容易装修好住了进来，没两天，被这场大水全毁了。此情此景，我怎么能够冷静？也许当时样子是空前的凶。

郭老师的弟弟也是闻讯赶过来的，见我不太冷静，就冲上来和我理论，就差拳脚相向了。

郭老师一边劝架，一边向我解释。原来，今天她出门之前，停水了。她打开了厨房洗碗槽上的水龙头，就忘了关。后来，水来了，就不停地流了一天，水从洗碗槽里漫到了地上，从厨房漫到了客厅，又从客厅流进了卧室。现在，她家的木地板全部泡在水中。她也是下班才回到家，已经打电话叫了抢修工人，马上就到。

话已经说明了，再吵闹就没有必要了。我马上回家拿来工具，帮着郭老师一起往室外排水。

源头止住之后，又来视察我家的灾情。郭老师的老公吴先生在市政府上班，非常通情达理，当场表示，损坏的全部重装，费用他们全包。人家高姿态，我当然不能趁火打劫。在重新装修的时候，我的原则是，能不动的尽量不动，把费用降到最低。

一场意外不但没有让我们两家添仇，反而增进了了解，相互都很欣赏。春节期间，老婆特地做了一桌好菜，请郭老师一家来家小坐。

有了这些铺垫，我去找郭老师，她自然是二话没说，全力帮忙。不过，这并不是一件容易的事，要经过校长点头。一小的杨校长正好也住在金鹤园小区，郭老师带我去见了他。杨校长瘦高个子，温文尔雅，和我交谈了一阵子，就欣然同意了。

我暗自庆幸，遇到了好人，准备日后好好和杨校长交个朋友。谁知不久后他就调走了，听郭老师说，是到广东另谋高就。我祝福他！

不管是人品相交，还是贵人相助，反正我特别珍惜这次机会，怀着欣喜把儿子送到学校。我做梦也没想到，校门口竟然人山人海，那么多的家长，那么多的孩子——他们都是顺理成章地划归这里，还是费尽周折才到这里？

孩子们当然不会知道这背后的故事，说的说，喊的喊，哭的哭，闹的闹，还有抱着妈妈的腿，拼命不让走的，好像这里不是学校，而是火坑。

儿子表现得特别淡定，说再见，他就挥挥手，然后，背着小书包，摇摇晃晃地往学校里面走了。在嘈杂的人群中，望着儿子小小的身影，我突然有一种泪奔的感觉。不是不舍，而是感动——儿子小小的年纪，仿佛已经知晓了父母的不易。我无法猜测他对这所陌生的学校是充满了恐惧，还是充满了好奇，但从他最后的眼神我看得出来，他能忍，能直面前方的未知。无论如何，他从容向前的脚步，就是对我最大的安慰。

抄作业

事实上，儿子刚刚入学那阵子，是极其紧张的。庆幸的是他遇到了一个好老师，姓顾，三十多岁的沉稳女性。

开学不久，开了一次家长会，老婆参加了。顾老师单独跟老婆谈了儿子的情况，说他总是发呆，问什么都不回答。顾老师谈话中充满了担忧，语气透露出对儿子智商的怀疑。

回到家里，老婆就把儿子拉到身边，轻言细语地聊天，问他在学校开不开心？他淡淡地说：“还可以。”这是他的口头禅，摸不清是很好还是刚刚好。

老婆又慢慢引导，问喜不喜欢老师？儿子的回答还是“还可以”。

老婆真的是很有耐心，一点也不发急，顺藤摸瓜往下问：

“老师上课提问了吗？”

儿子点头。

“老师的问题你会吗？”

儿子点头。

老婆眼睛里有了光，趁机追问：“你为什么不回答？”

儿子不作声，头低了下去，气氛僵住了。

我一直在一旁竖着耳朵听，见此情景，连忙上前打圆场，让老婆做饭去，我带儿子玩一会儿。

晚上，等儿子睡了，我和老婆又开始嘀咕这件事儿，一个结不解开，怎么安心？我们最后达成共识：不要着急，这里面肯定有原因。也许是新环境还不适应，也许是儿子本来性格就过于沉稳，也许是没有自信心，等等。

种种猜测让我们心中难免焦躁，但我们尽量不把情绪传递给儿子。

之后不久，儿子班级上了一节数学公开课，我跑到教室里旁听。刚入学的孩子，无非是一些最基本的加减法。老师每说出一个算式，儿子就把双手伸到桌子下面扳弄着。我知道他在用幼儿园学的手心算。可是，每次，他都不举手回答。

老师又问了一道题目，大概数字有点大，全班都没算出来。我向老师做了个手势，指了指儿子。老师会意，就点了他。儿子犹豫着站起来，很小声地说出了答案。老师竖起大拇指，大声夸赞了他。儿子当时虽然红着脸低着头，但回家之后，心情格外高兴，把玩具拿出来，边玩边又哼又唱。种种迹象表明，这次回答问题，无疑让他极为开心。我猜一定也提升了他的自信心。

也许，儿子在面对陌生的环境时，心里先给自己设了一道坎。他不敢轻易去触碰，更不敢跨越。但他渴望跨越，他一直在等待一个机会，等待一只帮助他的手。今天，这一切终于等到了，他终于完成了跨越，心中的喜悦可想而知。

还有一件事也极大地提升了他的自信心。每天放学之后，老师都会把当天的作业写在黑板边上，让学生抄下来，回家照着做。大多数学生不会写字，根本没有办法抄。于是，放学之后，家长们就涌进教室，帮自己的孩子抄作业。

这种事我一次也没干过。儿子在幼儿园学过《帮你早读书》，早就会写白居易的“离离原上草，一岁一枯荣。野火烧不尽，春风吹又生”。有了这门童子功，又有我狠心的推脱加鼓励，抄作业自然就成了他自己的事。

虽然那时他识字并不多，像什么“题”“页”“道”他根本就不认识，但他会照葫芦画瓢，吭哧吭哧，有些字难免抄掉笔画。这都没关系，我一点也不会责怪。回家之后，我把他抄的作业翻出来看一眼，就能帮他还原到正确的那个字。所以，从源头上，他就比别人早走了一步，这一步看起来微不足道，其实，是儿子非常重要的起点。从那一刻，他心底的基座就是自己打牢的。这种扎实的基础应该就是他日后稳定前行的保证。

我渐渐明白了，其实没有什么天才，无非是训练的结果。儿子因为学了《帮你早读书》，进入小学，语文就比较轻松；因为学了手心算，小学数学对他也不是问题；因为从“GO GO”英语起步，后来的小学英语更不在话下。

入学大约两个月之后，儿子在班上脱颖而出，被顾老师指定为班长。用顾老师的话说，这傻小子一眨眼就变成了佼佼者。

顾老师一直带着儿子班级到小学毕业，儿子不仅仅是学习尖子，人品也不错，一直是老师的好帮手。四年级的时候，他就把班长的职责交了出来，在学校担任大队委。

也就是说，儿子从一开始就成了“别人家的孩子”。我并没有一味地因此而得意，其实，我的内心一直保持着警惕和一种隐隐的担忧。

接　送

上幼儿园的时候，接送儿子，是每天一次，早送晚接，相对还好对付。上了小学，一个年级只有一个日托班，儿子没有进去，所以，中午也得接送一次。这无疑是个大问题。

儿子提出来，要自己走，不用接送。我和老婆都吓了一跳，望着这个连书包都背不稳的小不点，没有给予他信任，也不敢冒这个险。毕竟，一出校门，就是一条马路，人车拥挤，谁能放心呢？

所幸的是，这时，外公外婆已经从遥远的北湖农场搬迁到了钢花 120 小区，正在儿子学校的斜对面。这样的用意非常明显，正是儿子整个小学阶段的福音。

每天中午，外公就来接儿子，外婆就在家做好中餐。儿子从出生就受到外公外婆的照顾，小学时期更是泡在两个老人的爱里面。

那时，我时常白天在家，中午也不用接送儿子，直接到老人家吃饭就行了。外婆除了变着法地做些好菜之外，还单独给儿子开小灶，蒸一小碗鸡蛋，煎一条小鱼，炸一个鸡翅……看着儿子埋头吃得香，我心里满是感动——两个老人对儿子的爱真是无以复加。

反倒是我，会对儿子的一些小毛病横挑鼻子竖挑眼。一会儿让他把碗端起来吃，一会儿让他坐直了，一会儿让他把碗里的饭粒吃干净……外公外婆在一边打着圆场，我却不肯依，非要儿子按我说的做到位才罢休。

细想起来，在四年级以前，我对儿子是非常严厉的，生怕他坏了习惯。我一直相信我妈传给我的一句话“树大从小育”，一棵树从小不直，长大以后就难得直了。那时，我就像个木匠，紧盯着一棵成长的木材，恨不得用墨线去弹它一下。唉，其实是我太紧张了，如果能再多一点耐心，多给他一些机会，完全可以在轻松愉快的气氛中把小树苗慢慢捋直。吸取教训，我现在常常对养孩子的朋友们说，最好的爱就是耐心。

老婆单位远，早出晚归，早晚接送孩子基本就是我了。骑着自行车，后面载着儿子，是一件非常快乐的事。我喜欢想着法儿地给他讲笑话，听他笑，车身子一抖一抖；也喜欢听他唱刚刚学会的歌；有时，我们一起背诵古诗词，他一句，我一句，接不上来的常常是我……

儿子年纪虽小，但很体谅人。他觉得我每天接送很辛苦，就要求自己走路回家。他的这一要求，一直到三年级下学期，我们才予以考虑。最开始也不敢完全放手，放学之后，外公外婆就到学校门口守着，接到儿子，把他送过马路，才让他一个人走回家。

到了四年级，儿子就坚决不让外公外婆护送过马路了，他觉得那是对他的不信任。无奈之下，外公外婆就只有偷偷地站在远处的树下，不让儿子看见，等儿子过了马路，才放心地离开。

儿子要成长要独立的想法，我是完全理解的，孩子在那个年龄都要把自己当作小大人嘛。可是，他也许并不理解我，在接送他的日子里，我从来没有感到是劳累是厌烦。恰恰相反，我的胸口总是装着暖暖的幸福。

在学校门口的马路边，有一排法国梧桐。我一般会提前到达，把自行车靠树放着，然后，把前面车篓子里的书拿起来看。校门口家长越来越多的时候，放学铃声就快要响了。响铃过后，空空的校园马上就充满了叽叽喳喳的学生，排着队涌向校门，一出校门就解散了，各找各妈，各回各家。

我远远地站在树下，并不往校门口挤，但也是伸长脖子，盯着一张张小脸。不知为什么，每每此刻，我的心里就充满了期待，明明只是一个白天没见，却像是在等待失踪已经很久的珍贵物品归来。

儿子终于从人堆里出现，我就会伸长手臂，很夸张地冲他挥舞。明明我就在一棵固定的树下等他，我却生怕他不知道我的位置似的。

不等他走近，我就把自行车掉个头，放到马路边的小坎子下面。这样，他不必费劲就能跨腿坐到后座上了。

最早的时候，我会伸手摘下他的书包，放到前面篓子里。后来，他不肯了，坚持要自己背着。我明白，他要长大的感觉，要为我分担。好吧，我不强求，成人之美。

如果是下雨，书包还是要放到前面篓子里的，免得淋湿，那时，他也不违拗。我穿一件黄色的大雨衣，再给他套一件绿色的小雨衣，听着啪啪的雨声，猛一摇晃，就出发了，穿梭在车辆之间，雨大的时候，红绿灯都看不清。

回到家里，常常是上衣还好，裤脚全湿。我们二话不说，冲进各自房里，换裤子。那种默契，在我心底滋生出来的都是甜蜜。

卖破烂

小区整天都有收破烂的，拉着板车，穿过一座座楼房，时不时喊一嗓子。

我们家时常会有看过的报纸、过期的杂志、倒空的油壶、喝光的饮料瓶……特意交代小垃圾收拾员，这些都不能扔，可以卖钱。小垃圾收拾员比我还抠门，家里的垃圾都要从他手里过，倒垃圾的时候，自然把关严格，该留下的都留下了。这样，隔一段时间就会攒一堆废品。

到了休息日，收破烂的从楼下过，一听到叫喊，我就拉开窗户，伸出脑袋，冲下面喊声“破烂”，他就会停下板车，提着蛇皮袋子和一杆秤上楼来。

我们把门背后的废品一起搬到门口。收破烂的就分门别类地收拾，瓶子按个算，报纸论斤卖，一大堆废品换个三块五块的。对这个收入，我们都很满意，反正比白扔了强。

后来，二楼的奶奶告诉我们，废品别卖给拖板车的，出了小区大门，横过一条街，往里面走，有个小巷子，里面专门收废品，价钱要高得多。啊，还有这等好事？到底是老人生活经验丰富。

从那以后，再攒够一堆废品，我就用自行车载着，去找废品收购站。

钻进巷子，我吃了一惊。这里竟是破烂一条街，与我住的小区只隔一条宽马路，景象却是天壤之别。我住的小区不算高档，但很大，里面的绿化接近公园，让人舒坦。破烂街不是这样，它窄，两边是歪歪斜斜的小屋，堆积如山的破烂从里面一直漫了出来。街面上积了厚厚一层灰，一脚下去，鞋面上就会抹成花脸。正是那种晴天一层灰，雨天一层泥的景象，用乌烟瘴气形容都觉得还不够力度。

就在这里，生活着一群人，他们抽烟、打牌，吃油条、喝豆浆，一样有滋有味，一样悠然自得。

破烂街的脏乱没有让我退却，我反而想更多地关注一下这里。于是，我只要有了废品，就会到这里来卖。我也不会主动地和这里的人交流，只是默默地观察。我看到了一个双腿修长的小姑娘，蹲在地上，认真地刷着自己的白球鞋；看到头发花白、蓬头垢面的老奶奶在墙角支着炉子，炸油条和面窝；看到光着膀子的大汉和妇女们夹杂在一起打麻将……

再后来，我在接儿子的时候，渐渐发现他们学校有一些孩子就是这条街上的。因为他们穿着脏、头发乱，因为他们没有人接送……种种迹象，反正我一眼就能识别出来。

破烂街上的孩子时常也会出现在我们小区。一般是在早上，他们提着蛇皮袋子，穿梭在楼栋之间，翻动和他们个头差不多高的垃圾桶，挑选有用的破烂。

每天早上，我去叫儿子起床，一拉开窗帘，就能看到楼下那些捡破烂的孩子。其实，我小时候跟他们是一样的。那时，我家所在的村庄，旁边有很多驻军，自然就有家属区。我常常也是在早晨，提着篓子，跑到家属区的垃圾堆里捡破烂。但那时我不认为是捡破烂，而是叫捡宝贝。

垃圾堆里有太多的宝贝：橘子皮、牙膏皮、铁丝、铜线等等，都可以卖钱。有时候还会捡到半瘫痪的玩具，用过的铅笔等等，更是如获至宝。局外人永远体味不到那种突然出现的惊喜和快乐。

每一个父亲都有一个单纯的想法：把自己的经历当作财富传递给儿子。我也总是这样一厢情愿。不过，在这件事情上，我没有指望传递惊喜，而是想告诉儿子生活的不易。

于是，在又一次整理破烂的时候，我叫上了儿子。当时，他正在埋头写作业，专注得令人欣慰。老婆有些生气，怪我打搅儿子。可是，我心里一硬，坚持要叫上儿子一起去，不过，我编了一个理由，说一路上废品容易掉落，需要儿子搭个帮手。儿子一听就很乐意，老婆也不好再反对了。

我推着自行车，儿子在后面跟随。进了破烂一条街，我一句话也没有说，儿子已经震惊了，眼睛不停地向两边看。

我找到经常去的一家。这家有个女孩，比儿子大一点点，腿很长，每次见到我，眼睛就会陡然一亮，但又马上躲开。他爸出来收破烂。

我有意把每一捆都递给儿子，再让儿子放到磅秤上。买卖的过程很短暂，眨眼间，钱就到了手。我骑上车，带着儿子往回走，一路上我都没有说话。

儿子打破了沉默，他说："这是人住的地方吗？"

"他们不是人吗？"我想了想，忍不住还是要给他上课。"你永远要记住，总有一些人生活在另一个世界，他们的境况比你想象的还要差。"

我不知道他能不能听懂这句话，但我能感觉到，从那以后，他明显更愿意吃苦了。

攒破烂、卖破烂的习惯保持了很多年。儿子长大些了，扶得稳自行车之后，就由他唱主角了。那时，我或者老婆只用跟随他，搭把手，就一切 OK。

作业签字

上小学之后，每天晚上的家庭作业必须认真完成，不像幼儿园时期，回来写写画画，基本处于娱乐状态。

有了压力，开始有一阵新鲜劲，写作业特别积极，可日子一久，就难免会有厌倦情绪。直接表现出的状态就是，拖延、磨蹭，东摸摸西看看，要么就是喝水、上厕所，总之，就是难以全心投入到写作业中去。

有时候，按通常的速度作业应该做完了，过去一看，十道数学题才做了三道。那一瞬间，我的情绪真的有点难以控制。我敲着桌子问儿子，哪道题不会做？他说都会。我又问，为什么半个小时才做三道题？他就低着头，不吭声了。

老婆眼看战火要烧到儿子书桌上了，连忙把我拉开，劝导我，发火不能解决问题，得想办法。

然后，我和老婆凑在一堆，绞尽脑汁，制定了一系列家庭作业方案。

首先，我们规定晚上不看电视，我和老婆当然要带头做到。吃完晚饭，老婆会有做不完的家务，抹桌子、拖地板、洗衣服……她嫌我做不好，不让我插手。我就到书房里，看看书，写写东西。总之，家里形成了各忙各的氛围，每个人把自己分内的事做好就 OK。

不过，看电视也有网开一面的时候。儿子非常迷恋“动物世界”栏目，我们也觉得这档节目很好，生动有趣长见识，于是，就专门为儿子保留了观看权。“动物世界”约莫是在晚上七点半开始，儿子无论有没有写完作业，都可以观看，等看完了，再去接着写作业。我们够意思，儿子自然也就对自己有所抓紧了。

光这样是远远不够的。为了让儿子提高作业效率，老婆动用了绝招。那一阵子，她正在给儿子织毛衣，就主动凑到儿子书桌边，两个人商量着来一场比赛：她织一圈毛线，看儿子能写几排字。

儿子很乐意应战，两个人就热热闹闹地比试起来。老婆略施小计，让儿子每次都感觉自己在进步，兴趣就更浓了，作业写得飞快。

当然，比赛只是短暂的，起到引领作用之后，剩下的大量的作业，还是要靠儿子自己去完成。

儿子从小就养成了爱看书的习惯，对看书可以说达到如痴如醉的程度。他常常会因为看一本书，不肯吃饭，不想写作业。

这本来是一件令人头痛的事，不过，我们稍微一皱眉，换一个角度看待这个问题，就将坏事变成了一件好事。书，是一定要支持他看的，任何时候都不能打击他爱看书的积极性。既然他如此爱看，不如干脆把看书当作一种奖励。

我们先鼓励他认真写作业，大约半个小时之后，他就可以到书房里看任何一本书。当然，他一看书就迷，忘记时间。过了十分钟，我们就在一边提醒他，再拖延一下，也不能过二十分钟。他实在不愿意放下书，我们就会给他讲大道理：作业是必须做的，书是随时都可以来看的，只要写完作业，想干什么都可以。

这个大政方针非常管用，直接把儿子的情绪由被动扭转为主动。他会尽快把作业完成，剩下的时间自己安排。这样一来，他不光是看书，还可以玩玩具，如果时间还早，也可以下楼去找小朋友们玩……总之，有了希望，才会努力。这是没有错的。

有时候，作业量比较大，写完作业，时间已经不早了。我们也不催他马上睡觉，而是让他玩一会儿，解解馋，保护他的积极性。

儿子的眼睛近视得比较早。听人说打乒乓球对训练视力有好处，我们就在小区里面找到一家乒乓球馆，让他跟教练去学习。

儿子一下就爱上了乒乓球，每天晚上都要去训练，这跟家庭作业又产生了极大的冲突。但这没有难住儿子，反而激发了他的斗志。据班主任顾老师说，黄岭贝一上完课，就追着要老师赶紧布置作业。然后，他就利用课间写家庭作业，分秒必争。晚上是七点去打乒乓球，这时，他的作业已经写完了。

作业写完，只是第一步。老师要求家长每天都要检查作业，并在作业后面签字。

每次检查，我都发现儿子存在马虎的毛病。光是图快可不行呀，我和老婆一商量，决定把检查作业的权力下放，让儿子自己负责对错，我们只管签字。

儿子一开始当然不愿意，一针见血地指出，我们这是偷懒。

我们当然也不能被他一说就倒，既然是商量过的，自然有站得住脚的理由。我们耐心地跟他说理：学习是你自己的事，作业当然要自己负责。如果光靠监督才能做好，那么，失去监督你就做不好了。你以后学习的路还长，人生的路还长，要真正有所作为，必须学会对自己负责，而不是靠别人监督。

一番大道理说出来，他就信了。从那以后，他的作业全部是自己检查，渐渐地，差错越来越少，马虎的毛病也在一定程度上得到控制。

回过头来看，我仍然觉得这是一种成功的尝试。家长懒，只要有道理，就是给了孩子机会，给了孩子信任，最大限度锻炼了孩子。

旱冰鞋

儿子在一年级下学期就近视了，无缘无故，莫名其妙。我当时非常难受，常常追问此事，老婆就给出了一个肯定答案：遗传。老婆眼睛好得出奇，而我是个近视眼，当然就“归罪”于我了。可是，我也不服气呀，因为我并非天生近视，而是上了高中，用眼过度才致使双眼模糊。

为了儿子能恢复视力，我们给他选择了乒乓球这项运动。据说乒乓球飞得快，来回盯着，对训练视力有益。不管是真是假，反正儿子去了，教他的是一个老掉牙的陈教练。望着陈教练满嘴漏风，我当时就有点泄气。

儿子却迷上了，每天为了能准时去练球，可以排除万难。没有多久，他竟然在一帮小孩子堆里脱颖而出，成为重点培养目标。武汉一有少儿乒乓比赛，陈教练就会挑儿子参赛。

难得儿子喜欢，在他生日之际，我们问他，愿不愿意把教练请到家里来吃一顿饭？他非常乐意，并表示自己去请。

请到家来的不只是陈教练，还有一个胖老头，据说也是教练，两个人体型正好反衬。我当时真的很吃惊：两个老男人，凑在一起，带着一群小毛孩子，玩得投入又有成就感。在外人眼里，他俩都是糟老头子，可是，我能看到他们脸上的孩子气。真好！

看得出两位教练都非常乐意到家里来做客，还专门给儿子准备了生日礼物——一套蝴蝶牌运动服。陈教练说，穿上这身衣服，比赛会更有把握。这当然是鼓励的话。

不久还真就有一次比赛，老婆给儿子套上了蝴蝶牌运动服，还全程陪同。据老婆回来讲述，儿子在第一轮就遇到了强手，两个人势均力敌，相持不下，在最后一分，裁判误判，对手取胜。儿子无法接受输球，扑到妈妈怀里痛哭。哭声未落，消息传来，儿子下一轮的对手因故缺席，儿子直接进入第三轮。儿子眼泪还挂在脸上，马上又笑了，为一场不劳而获的胜利。越往后，对手越强，后来，儿子遇到了高手，输得心服口服，没有再掉一滴眼泪。

是输是赢都不重要，重要的是，儿子爱运动，这比什么都好。

运动应该是与生俱来的。我们小时候，农村孩子虽然没有像样的运动，但小伙伴们到处撒欢儿，你追我赶，东躲西藏，上得树，下得塘，练就了好腿脚。到了儿子这一代城里孩子，情况很糟糕，白天上学，晚上作业，有空就是电脑电视，真正的户外运动已经被挤压得连一条缝隙都不剩了。我深深担忧。

好在儿子有了运动的瘾，我趁热打铁跟他商量，他盯准了溜旱冰。我马上拍着胸脯说："你等着，我有空就去给你买一双。"儿子一听就乐得蹦起来了，翘首以盼。

我在哈尔滨上大学，滑过冰刀。那时，我是零基础，但狂爱滑冰，头一天就到学校仓库里租回一双冰刀，放在宿舍过夜，第二天五点就起床，来到空无一人的冰场。苦练的直接结果就是，在学期末的速度滑冰考试中，我成了全班第一。当然，这并不是我的目的。我真正享受的，是在冰场上自由滑行、在人群中自如穿梭的感觉，跟飞翔一样一样的。

大学毕业之后，我就与滑冰隔离了，对旱冰鞋更是一无所知。但儿子有了要求，我就得认真对待。正好，我们同事老唐旱冰滑得好，常常滑着来上班，非常酷。

我找到老唐，跟他讨教。我和他本来就是乒乓球友，中午常常抽空在文化宫乒乓室抽几板子，他自然乐意教我旱冰。

经老唐一讲，我才大吃一惊。最新式的旱冰鞋已经远远超出了我的想象，我曾经玩过的还是鞋带绑铁壳子的双排轮。现在的是单排轮，新型材料制作的高筒靴，还带伸缩的，能根据脚码调整到最合适的大小。我穿着老唐的鞋试滑了一下，确实轻盈灵巧。

价钱也不便宜。那阵子，我们家没有存款，生活费是下个月勉强能接到上个月。正处月末，青黄不接，买旱冰鞋的事就暂时搁置。

发工资那天，突然下起了雨，我没有带伞，下班就直接冲进雨里，直奔体育用品商店。我背着旱冰鞋回家，儿子自然是高兴得手舞足蹈。

事后，儿子写了一篇作文，说他多么感谢我给他买了旱冰鞋，而且详细描写了我进门时头发湿漉漉的样子。看来，我家两个男子汉都有一个共同的特点，有爱不轻易说出口，都默默藏在心底。

滑旱冰，我当然是儿子的教练。虽然，我用的是冰刀那一套，但大同小异，非常管用。没多久，儿子就能自如滑行了。

小区里有一批滑旱冰的小朋友，儿子很快就成了其中一员。有时是在休息日，有时是在晚上，他们在一起追逐，成群结队，大呼小叫，真像一群小狼崽子。我从心底里感到欣慰，儿子能融入这样的群体。

得陇望蜀，得寸进尺。很好，儿子在不久之后，又盯上了滑板。这次没有延时，我第一时间就买了回来。

不过，这玩意儿我也从来没玩过。我就对儿子说，我跟他一起学，比赛，看谁先学会。儿子一听，就摩拳擦掌。

我们扛着滑板下楼，找到一块平地，制定规则。一个人先滑，只要脚落地，就得下来，让另一个人滑。于是，我们轮番上板，都是零基础，一开始都站不稳，频繁更换。渐渐的，滑行距离越来越远，动作也由抓狂型向优美型转变。

事实证明，一岁年龄一岁呆。最终，儿子滑得要比我漂亮多了，我输了。望着儿子站在滑板上轻盈的身姿，胸口充溢着骄傲：飞吧，你能飞多高只管去！

第一次读长篇

2005年，是我的本命年。像许多迷信的人一样，我也停下脚步，慎重考虑下一步。

以1995年在《芳草》发表短篇《阿慧》为明显路标的话，我在文学这条路上也走了整整10年。回头一望，成绩不少。向前一看，荒草成堆，并不乐观。从一个理工男改行写作，搞文学，我是认真的。但是，10年过去，路并没有走顺，发表也好，出版也罢，都是举步维艰。该不该继续？脑袋里跳出个大大的问号。如果说我这一生对从事写作真正犹豫过，也就是在这一年。

这一年，儿子7岁，一年级下学期。他爱看书，常常歪在我的书房里不走。书房里堆满了乱七八糟的书刊，多是杂志社寄来的杂志和出版社寄来的样书。他抓到什么就看什么，我也没太在意。

从1997年接触儿童文学，一直摇摆在成人和儿童之间。就在前一年，2004年，我作出了一个决定，集中精力从事儿童文学写作。所以，近一年来的书刊基本都是儿童文学类，儿子自然有兴趣。

意外的是，有一天，我突然看到儿子拿着我的一本新书读得起劲。这几年，我几乎没有出书，行话叫闹书荒，这本小长篇《我的朋友是怪蛇》是春风文艺出版社的阿朱雪中送炭，刚刚出版的。样书寄来，堆放在书房。

看到儿子拿着我的长篇小说看，我第一反应是：装模作样。但他的阅读热情我得保护，便凑过去问："看得懂吗？要不要我给你念？"

他从书页间抬起头，望了我一眼，说："我已经看过好几遍了。"

我吓得差点跳了起来，还是不敢相信，问："你知道这里面讲的什么？"

他一点也不含糊，一边翻着书，一边告诉我故事片段。

好了，打住。事实证明，他完全看明白了。

我追问："每一个字你都认识？"

他摇了摇头，说："有些不认识，靠猜。"

我忍不住哈哈大笑，不是笑他不识字，而是笑他真是像极了他爹我。我常常就是模糊记忆，不求甚解。偌大个世界，我算老几？想事事洞明，行行精通，还不累得脱一层皮呀？我对世界充满了好奇，就朝前飞吧，只要认准了目标，随了心，飞到哪里算哪里。

一瞬间，我心中豁然开朗，并觉得之前对写作的犹豫是多么可笑。人生不过是本书，几个字不认识就犹豫了，想放弃？真是连儿子都不如。

骂完自己，还是回到儿子身上来吧。我转头细想，儿子能够阅读长篇，并不是偶然。

老婆是很细心和有耐心的。早在儿子刚刚牙牙学语的时候，老婆就买了一些花花绿绿的图画书，一有空就给他讲。特别是在睡觉之前，儿子非要听，一听就入迷，两只眼睛越来越有神。我常常笑话老婆，说："你这不是催眠，是提神。"

老婆才不怕我笑话呢，她说她喜欢跟儿子说话，享受。的确，她带儿子到楼下玩，嘴巴也从不停，看到树就说树，看到花就说花。那时，我们住在城乡接合部白玉山，楼下经常有成群结队的鸡，这更是吸引儿子的目光。老婆也不失时机，告诉他，小鸡、公鸡、母鸡……反正和鸡有关的词语故事都迸出来了。

回到屋子里，老婆也不闲着。她买回一些卡片，卡片上面写着实物的名字。比如"冰箱"，她就贴到冰箱上面，比如"桌子"，她就贴在桌子边上……然后，她就指着卡片，和儿子一起认字。

有些买不到的卡片，她就自己动手写。比如"电脑"，她就找一张白纸，自制卡片，再贴上去。

那一阵子，我们家的每一样东西都像被胖揍了一顿，被贴满了膏药。

因为无人照看，儿子在上幼儿园之前，常常被丢放在外婆家。外婆家在北湖农场，住的是农村一样的平房，门前有个小稻场。儿子就搬个小板凳，坐在稻场上，自己看一本图文并茂的书，一页一页翻过，嘴里念念有词。

隔壁的阿姨路过，有点不敢相信，就凑过去，让儿子念给她听。儿子念出来的竟然完全正确，而且，不管阿姨指书中的哪一个字，他都能认出来。阿姨当时就震惊了，这一发现很快在四周传开，成为一时美谈。而那时，我并没有太在意。

外公却上了心。他是读过私塾的，找来《三字经》《弟子规》，一本正经地教儿子诵读。

老小在一起，玩玩而已吧，增进感情，也是极好的。这是我最初的想法。

但很快就超出了我的想象。儿子竟然能够全篇背诵，就连每一句的意思都能说得明白。

有了这些做铺垫，儿子识字量自然就大，有了识字量做保证，再进入阅读的轨道就相对容易。儿子早早养成了热爱阅读的习惯，令他日后的成长受益匪浅。在漫无边际的阅读中，那些文字的营养渐渐浸润着他的心灵，日久天长，成为一股最有底气的推动力。我相信许多教益他是从书中得到的，这种方式，既来得自然，且乐于接受。这也是儿子从小到大，我觉得养育轻松的重要原因之一。

奥　数

奥数一直就是一个难题。许多家长把孩子丢进课外培优班学习奥数，时间证明这完全是个坑，大多数孩子只有垫底的份儿。于是，有一阵子，《武汉晚报》及其他报纸连续报道家长联名抵制奥数。当然，最终没有抵制住，武汉的奥数班照样如火如荼。

我让儿子学习奥数，纯属机缘巧合。那时，我还在办课外作文班，除了青山区本部，在武昌区还有一个点，挂靠在一个英语和奥数机构里面。教奥数的徐明和我是哥们儿，本来就是校内老师，有多年教学经验，又好钻研，能把复杂的问题讲得浅显易懂。他的奥数班招收小学二年级升三年级的学生。

我和老婆商量，觉得有必要送儿子去学。理由很多，主要有二：首先，徐老师人好，肚子里有货，更重要的是哥们儿这里不收学费，不跟他学都可惜；其次，我家住青山，那是工业区，相对封闭。武昌这边是文化区，让儿子来感受一下文化气息，多交一些不一样的朋友，也是有必要的。

在儿子二年级升三年级的暑假，我就顺理成章地把他送进了徐老师的奥数班。我也知道奥数不是好玩的，一开始就给儿子明说，进去试试，只要用了心，学成什么样都可以。其实，我最担心的是儿子畏难、厌学。

每次我上完作文课，在走廊里碰到徐老师，就问黄岭贝的情况。徐老师总是亮着嗓子说：“他呀，真没说的！”我以为这是给我面子，也不好再追问。

背地里，我又问儿子，喜欢奥数吗？他说，还行。儿子一向比我沉稳，说“还行”已经是不错了。只要他不反对，就继续吧。

奥数培训每周一次，上完课，就带回一张试卷，10 道题目。我抓过来扫了一眼，道道题都卡喉咙，连忙还给儿子。

最开始，儿子做不出来就问我。我吭哧吭哧还能应付一阵子。随着学习深入，难度升级，渐渐的，我就有些力不从心了。什么甲乙两人绕着湖相向而行，一个走得快，一个走得慢，转呀转，问他们多久相遇一次？这种问题，我只有用方程式来解答，但这显然是不合适的。

在我越来越晕圈的时候，我果断做出了决定：不再充当儿子的奥数助教了。儿子再来问我奥数题，我就说：“自己想想，实在不会，下一次早点去问老师。”我的话虽然说得硬气，儿子肯定还是看出了我没底气，就真的不再问我了。下次上课，他总要提前10分钟到教室，找老师把没做出来的题目搞清楚。

一来二去，儿子不但没有厌倦奥数，反而入了迷。

上完培优课，回家还要坐一个多小时的公共汽车。那时，车上总是挤满人，儿子就找个能靠背的地方，站稳了，把奥数卷子拿出来，垫一本书，就开始做题。他的热情如此高涨，我当然不会制止，就凑拢过去，充当他的靠背，保护他在摇晃中能平稳写题。车上好多人都瞪着吃惊的眼睛，别说他们，就连我也从来没有看到过像儿子这样疯狂的奥数迷。儿子却只管沉迷其中，完全不在乎外界的响动。有时，坐着的人会主动为奥数迷让座，儿子一般是不接受让座的，除非那人正好要下车。

回到家里，试卷已经做了一遍，剩下的都是硬骨头了。攻关难题时，儿子会把房门关上，不让我们进入。只要听到房里一声惊喜的叫喊，我们就知道儿子干掉了一道难题。

兴趣是最好的老师，有人永远痛恨着奥数，儿子却迷恋。这是我最为庆幸和欣慰的。

有一次，我忍不住问儿子，奥数真的那么有意思吗？他吃惊地望着我，好像不能理解我。他也不想解释，直说，不信，就进教室听一次呀。

我真就跟着进了教室，听了一堂课。那次讲的是“鸡兔同笼”问题，就是一个笼子里关着许多鸡和兔子，翻来覆去地让你计算有多少只脚。反正一堂课听下来，我的脑袋里完全成了糨糊。再看儿子，神清气爽，就像喝了冰红茶。我终于明白什么叫对牛弹琴了。我还是赶紧出去吧，别在教室里当牛了。

儿子可不是牛，他属虎，而且是深山里的猛虎，有灵性，老师一点就通。学着学着，儿子就在班上冒出尖来，成了奥数班上的学霸。

人外有人。五年级之后，徐老师建议儿子除了在他班上学习，还到另外一家奥数机构套读，学习多家之长。儿子欣然接受。从此以后，每个周末，光是奥数课就要扎扎实实地上两次。

一分耕耘一分收获。儿子在奥数上的付出，直接回报就是，每次竞赛都有收获。

这是一件高兴的事，但并不值得骄傲。我一方面鼓励他继续坚持，一方面又要巧妙地淡化取得的成绩。这就好比一场马拉松，刚刚起跑，你冲在了前面，也许你具备这个实力，也许你会把自己跑垮。我深深担忧的就是后者。

但无论如何，我都非常支持儿子学奥数。因为跟随着儿子，我对奥数还是有一定的理解：首先，奥数是一种思维训练，处处是精巧奇妙的思路，让人脑洞大开；其次，奥数确实不适合所有人，能学好的，就是那么一小部分；最次，如果不追求成绩，放松心态进去泡一泡，总会有些收获的。

培　优

在幼儿园时期，孩子学点乐器、绘画，甚至英语，都叫兴趣班。到了小学，孩子到校外学语文、数学、英语，就叫培优。

这种叫法上的改变很明显地暴露了家长的心态。孩子上幼儿园，还在放养状态，想怎么玩就怎么玩，学点东西嘛，也是可以的，纯属兴趣爱好。一进校园，就像站在了百米起跑线上，各就各位预备跑！不能输在起跑线上，不能落下，快跑呀，跑——家长就差拿鞭子抽了。

抽，显然是舍不得，那只有给孩子当啦啦队，加油鼓劲。加油的最好办法当然是课外比别人再多学一点，所以，报了各种各样的课外班，目的只有一个，把孩子培养得更加优秀，脱颖而出，卓尔不群。那么，这种课外学习不叫培优还能叫什么?

培优早已形成一股热潮。但是，也有家长对此持否定态度，认为这样剥夺了孩子玩耍的时间，把孩子变成了学习机器，等等。

我没有兴趣参与这样的观念之争。我先就我的个人经验列举事实：身边的孩子进入小学之后，几乎都报了各式各样的培优班，至于效果，当然是参差不齐。也有不参加培优的，那么，他们的学习是不是就令人担忧呢？不一定。儿子小学同班就有一个女生，从来不参加任何培优班，但学习成绩很好，一直跟儿子旗鼓相当。后来，她跟儿子一起考入了重点初中的重点班，学习仍然名列前茅。再后来，她又跟儿子一起考入了重点高中的竞赛班。高考之际，她本来可以通过自主招生，稳进浙江大学，但她放弃了，想放手一搏，冲击北京大学，结果失败。最后她被武汉大学录取。我从心底一直很欣赏这个女生。

面对纷繁复杂的现状，我不喜欢争个泾渭分明。比如，对于应试教育到底好不好，众说纷纭，我尽管有自己的很多想法，但儿子年纪小，经验少，说多了怕他糊涂。于是，我只对他说："我是个作家，我的任务是把小说写好，小说写不好，谈什么都没用。你现在是个学生，直接任务就是学习。你把学习搞好，不仅是你分内的事，更重要的是你能力的证明。你有了把手头的事做好的能力，以后迎接挑战才能有信心。总之，别想多了，学好才是硬道理。"

从心底里，我是不在乎成绩的，我在乎的是儿子的认真和坚持。当然，反过来，认真了，坚持了，成绩自然不会差。

回到培优这个话题。儿子的好成绩是不是培优的结果，我不敢把话说死。但有一点我很肯定，就是在长年累月的培优过程中，儿子的视野开阔了，头脑打开了，这是没有坏处的，或者说，付出的辛苦是值得的。

我说过，我不想评判培优的对错好坏。我想说，人生经历的任何一件事，不同的人感受是不一样的，意义当然也不一样。培优是一件事，我非常感谢我的人生有这样一件事，并不是仅仅因为儿子因此而学习成绩优异。如果培优的收获停留于此，我会觉得自己很可笑。因为我已经明确说过，我心底其实不在乎儿子的成绩，起码不会把成绩放在首位。

我最重要的收获是在培优期间与儿子相伴的点点滴滴，都沉淀到心底，成了幸福的催化剂。

我们家的家务是老婆操持，休息时间，守在家里的当然是她，送儿子培优的当然是我。路程很远，从青山到武昌，乘公共汽车最快也要一个小时，两头还要走一段。

一大清早，我牵着儿子的小手，走向公共汽车站。儿子的小手给我的感觉是那么柔软温暖，有时我会忍不住把他的小手揉捏几下，他也不反抗。

那时，他还小，头挨着我的臂膀，习惯性地靠紧我，依赖我，时光就在我们手牵着手走向车站的时候流逝了，儿子的头顶渐渐超过了我的肩膀，超过了我的耳朵，超过了我的头发尖……当我要仰视他的时候，他就再也不习惯牵我的手了。我再想牵他的手，就得紧追两步，去抢——就像他小时候抢我的手。就算抢到了他的手，牵不了多久，他就会抽离。他大概是觉得一个大小伙子，被人牵着手，是件不光彩的事吧。

送儿子培优，在外面一泡就是一整天。因为课目不止一门，往往是早上一门，另一门可能就到了下午，甚至晚上。路程太远，中途是不可能回家的。

有些家长喜欢挤进课堂，跟孩子一起听课，甚至帮孩子做笔记。这种太负责任的家长，其实是对孩子最大的伤害，不仅剥夺了孩子自主学习的能力，还把孩子搞得紧张兮兮。

我懒得进教室，就在家长休息室里看书。有时候，家长休息室太闹，我就会到旁边的蛇山上，找个僻静处看书。那些年，幸好有这大块的时间，我才有耐心啃了许多大部头，主要是历史方面的——《资治通鉴》四大本，《史记》《东周列国志》……

我这又何尝不是在培优？因为大量阅读史书，我脑海里火花四溅，手痒难忍，憋足力气，写出了《猫王》。毫无疑问，《猫王》是我写作生涯中的重大收获，而这一切得亏儿子的培优。

培优期间，照顾儿子吃饭也是一件幸福的事。我会事先问他想吃什么。他有时候会说出菜名，大多时候就说随便。自从结婚后，我几乎没有进过菜场，也不进厨房，照顾别人吃饭是我的短板。但我乐意开动脑筋，到周边的餐馆和小食店转悠，为儿子挑选午餐。那时，我把儿子当作在前方打仗的战士，我只是为他做一点后勤保障。

战士从战场上下来，我的盒饭就送到了面前。有时候，我们在教室里吃，更多的时候，我会带他到蛇山上，坐在树林里吃，算是野餐，美极了。

美景自然不能放过。儿子吃完饭，会拿出画本，画上一幅风景画。

我坐在一边，假装欣赏风景，其实，是在欣赏儿子。一整天在外面奔波、上课，是很辛苦的，但儿子并没有被辛苦压倒，他很快乐，甚至很享受。这是我最欣慰的。

那时，湖北省图书馆还没有搬迁，就在蛇山那边，我们步行就能过去。儿子很喜欢图书馆，阅览室人少，起码不像教室里那么拥挤。他就在里面泡着，既能写作业，又能找自己喜欢的书看。

儿子其实也在暗暗观察我。他见我背着大部头，常常问我有没有看到什么好东西。我自然不会让他白问，回家的公共汽车上，我就给他讲我看到的精彩故事。中国历史真的是太精彩了，我每次跟他讲起，他都睁大眼睛听，一直到下了车，我接着讲，然后到了家，他还不让停。可是，肚子饿了，要吃饭了，我就说："以后你自己看，更过瘾。"他这才放过我。

培优给我带来的远远不止这些，正是这样的点点滴滴，组成了最珍贵的记忆。其实，我也一直在告诉自己，人生无所谓好坏，经历的就是属于你的，用心体会，足矣。

习惯养好，是无价之宝

身 高

在我的成长记忆中，身高是我的痛——永远是班上最矮的那一个。于是，上课总坐第一排，不是因为学习拔尖；做操总是站第一个，也不是因为动作标准。那么，食堂打饭为什么不按个儿来呢？窗口买票为什么不按个儿来呢？

可见人家对待小个子没有一定之规，全看心情。这种想法也只有像我这样个头的才会有，而且根深蒂固，纠结不休。

所以，儿子还未出生，我就有隐隐的担心。等儿子出生后护士报出体重 4.1 公斤，身长 50 厘米，我心头喜了一下，这小子比“同僚们”足足大出一号不止。不过，接下来，我又开始担忧：好小子，这不能算你的本事，是你妈给了你先天足秤，后天你可别掉链子，落到你爸的下场就惨了。

之后，在儿子一步一步的成长中，我一直为他的身高捏着一把汗。不过还好，我偷偷观察过，他在班上排队不在前面，甚至很靠后。我这才慢慢松了一口气。虽然到了初高中，有些孩子因为遗传，猛冲个子，但儿子也没太掉队，很快过了一米七，还在继续前进。我总算彻底放心了。

有一阵子，我和老婆都爱做一件事：把儿子拉到门框边，让他脱鞋，背靠门框站直。然后，我们把卷尺拉直了，给他量身高，用铅笔在门框上画记号。年复一年，门框上就画下了一道一道记号。

儿子小的时候，还是很乐意量身高的，一叫喊，他就颠颠地跑过来，脱掉鞋子，靠门框站直。后来，他越长越高，一伸手就能摸过门框上沿了，就非常不耐烦重复这件事了。再叫他，就会嘀咕："无聊吧。"然后，心不甘情不愿地过来应付一下。

那时，儿子嘴唇上面已经长出了浓浓的茸毛，喉结也突出来了，声音嗡嗡的。对儿子的个子，我早就放心了，老婆还是乐此不疲，踮着脚为儿子量完身高之后，转过来对我说："看看，儿子已经改写你们黄家的历史了。"

这话我爱听。儿子不仅在个头上高出他爸，智商方面也甩他爸几条街。嫉妒之心是人的天性，但唯独在儿子这里不适用，儿子对他爸全面超越，我只有满心的欢喜。

关于身高的问题，毕淑敏写过一个短篇《一厘米》，多年前看过，记忆深刻。故事讲的是，一个妈妈带孩子去寺庙，因为寺庙门口测量身高的尺不准确而被误会是逃票，孩子的身高相差了一厘米。在许多人眼里，这也许是一件小事，这位母亲却不含糊，为此事费尽周折，只是为了让孩子有一个健康的心灵。

小说写得非常棒，我很幸运看到了，并感同身受，从此，我心底亮起了一盏警示灯。

儿子到武昌培优是从小学二年级结束的暑假开始的，那时，他的精确身高还没有过 1.2 米，也就是说，每天出门乘公共汽车，可以不买票。

因为有了 1.2 米以下儿童免票的规定，公共汽车上经常就会发生因身高引发的吵架。售票员说孩子应该买票，身高一看就超标；家长不肯买，说身高还没达标。他们争执不下，孩子只有睁着惊恐的眼睛张望。

见多了，我就提醒自己，不要冒这个险，这种事情一定不要发生在儿子身上。那时，虽然我穷得叮当响，但既然叮当响，证明口袋里有钢镚，正好用来买车票嘛。

再则，儿子对培优充满了兴趣，一出门就冲在前面，给我带路，把自己当个小大人。他想要大人的派头，我当然要给，绝不能为了省一张车票钱而让他失望。我知道儿子身上这股气儿是难得的，千金难买。

我过了一下脑，做出了决定。上车之前，我把零钱交给他，让他走在我前面，买两个人的车票。他接过零钱，兴奋得满脸放光。我知道，我做对了。

那时的车票是一块钱一个人。上车的时候，儿子把两个硬币分两次投进票箱，然后，回头看我一眼，像是怕我走丢似的，眼里充满了自豪感。我也非常配合，冲他做个胜利的手势，然后，愉快跟进。

再后来，我们办了一张公交卡。每次上车，儿子就拿着卡，刷两下。听到嘀、嘀两声响，我心里特别踏实。

我在心里一直在暗暗算一笔账。一张车票一块钱，没错，按儿子当时的身高，是可以省下这一块钱的。可是，有风险，万一售票员或者司机目测有误差，就是一场尴尬的争执。我当然可以吸取毕淑敏小说中妈妈的教训，随身带一个卷尺，直接用科学说话，但是那样未必就能避免对孩子的伤害。这都是次要的，我最看重的是儿子的内心需求，他想和大人平等，他想做主，他想要买票的感觉，而这么一大堆要求，我只用花一块钱就能买到，岂不是赚大了？

还有，在他做主买票的过程中会形成坦坦荡荡的好习惯，这种习惯对他的成长至关重要，不夸张地说，会影响到他以后的为人处世。而我对儿子盯得最紧的就是习惯，从这个意义上讲，一张车票，买到就是赚到了。

拒交学费

我和老婆是白手起家，特别在儿子的童年时期，我们的生活是相当拮据的。后来，我办了作文培训班，学生多了，才慢慢还清债务，减轻了生活压力。有一天，我在街上碰到了和我同年分到武钢的王兄，他跟我一样，也是外地人。我们望着彼此的白发，感慨万千。我说：“真想回到以前，那时，多么年轻呀！”他马上脱口来了一句：“拉倒吧，那时候穷得像孙子，打死我也不想回去！”看来，他是真的穷怕了。

再穷，在儿子身上，我们没有一丁点的吃紧。当然，前提是，儿子本身也是特别自律节俭的。

小时候，儿子想养宠物，自己挑选了小鸭子。结果，一只毛茸茸的小黄鸭被他亲手养死了。他当时哭得昏天黑地，痛定思痛，觉得宠物不能再养了，因为终有失去的那一天，怕了。

后来，儿子对植物又产生了兴趣。我就带着他到楼下，找块绿化带里面的空地，挖坑，栽树。一棵鲜嫩的小樟树苗栽下之后，我们就约定，由他负责照顾。结果和小黄鸭一样，枯死了。不过，这一次儿子好像没那么伤心，也许是植物天生就不如动物能唤起同情心吧。

儿子日常花销也不少，比如买图书，日子一长，突然就会发现一大箱子都是他的书。玩具也是这样，装满了好几个大箱子。

教育投入是一大块，从幼儿园时期的兴趣班到后来的培优班，一个接着一个，每一个班开学，都要交一笔不小的学费。在这些方面，我眼睛都没有眨一下，哪怕自己口袋里空荡荡的，也会想方设法凑足了。

我一边让儿子知道家庭的真实经济状况，告诉他节俭是美德，一边又满足他的好奇心，不会让他在同龄孩子中感到窘迫。说实在的，这种拿捏挺难，庆幸的是我们做得很好。我是说儿子也正是按照这种样子在成长，他不挑食，也不挑穿，在老婆的打理下，他走出去显得整洁又大方。

在我的记忆中，我只有一次拒绝给他交学费。他上三年级的时候，有一天回家说学校要交50块钱。我问干什么用。他说科技老师要教他们学习电脑。我一听，马上就明白了，三年级的孩子学习电脑，无非就是如何开机关机，再就是桌面上的一些简单运用方法。

我马上警惕起来。倒不是说这些知识本身有什么问题，而是电脑对孩子的吸引力大得超出想象，常常失控。就在那段时间，儿子班上有几个同学，中午摸进了网吧，玩忘了形，下午课都不上了，后来还是老师从同学处了解了情况，才把这几个同学找回学校。

我把儿子拉过来，很认真地跟他交谈："这学费必须交吗？"

"不是，是自愿的。"儿子摇晃着身子，显然是想学，"老师说了，只有交钱的同学才能进电教室。"

"OK，这学费咱们不交了。"我果断地打消了他的念头，但要给他一个解释，"电脑咱们家有，等放假了，你自己掰弄，我相信不用人教，你也能玩得比我好。"

有了这个念想，儿子就放弃了跟着老师学习电脑的机会。但这并不影响老师的教学，电脑班照常开班，并迅速培养出一大批电脑的熟练操作者。

我们小区住着好几个儿子的同学，休息日，儿子会跑到同学家去玩。回家之后，就听儿子说某某游戏玩得好，都能打高级的了。某某也不错，游戏可以通好几关呢……羡慕之情溢于言表，他显然是那个流口水的旁观者。而且我很清楚，儿子眼巴巴地要到同学家去玩，就是挂念着游戏。

游戏是最容易上瘾的，我曾是一个游戏迷。那时，一个傻瓜型的"打砖块"，我就能打到深夜。"斗地主"更是上了手就欲罢不能，斗个通宵达旦也是常事儿……游戏作为一种休闲，其实也没有什么不好。可是，我这样一种还在贫困线上挣扎的人，怎么可以沉迷于游戏呢？

为了戒掉游戏，我不知多少次删掉电脑里的游戏软件，只差砸电脑了，真是比戒烟还难。再难也要戒呀，我不戒，怎么说服儿子？说只准我玩，不准你玩？

好在我的毅力还行，在反复折腾痛苦折磨之后，终于成功戒掉，不再沾任何游戏了。

学电脑有风险，但是，对儿子说的话还得兑现。儿子放假之后，趁我白天上班去了，就在家自己动手摆弄电脑。当然会摆出一些毛病，停机了、死机了，但最终的结果正如我所说，他对电脑的操控能力很快就超过了我。也就是说，我家的电脑基本已经落到他的手里了，由他摆弄。

事已至此，我不得不跟他讲大道理了。记得有一天晚上，他写完了作业，又准备玩电脑，我就拦住了他，聊正事。我说："上网看看信息，其实挺开阔眼界的。如果作为学习的帮手，查资料也是相当方便的……"

"不能玩游戏，是吧？"他一下就猜出了我的用意。

"游戏是可以玩的，但是要在可控制的范围内。"我虽然有些尴尬，但还是没有和他搞翻，先顺着他的话说了一句，再表达我的意思，"老爸以前也是个游戏迷，你是清楚的。没有人管我，也没有人劝我，是我自己戒了。因为我的正事是写作，如果我沉迷游戏，不仅影响身体，也耗费精力，那么，写作自然就会受到影响。你是希望我写得好，还是希望我写得差？"

他笑了一下，没有回答。

我知道他听进去了，于是切入正题："你的正事是学习，如果心里总惦记着游戏，学习肯定会受影响。不如这样，你平时专心学习，等到了周末，你自己安排时间，上电脑玩一会儿，过把瘾，怎么样？"

儿子是懂道理的，说了就照办。这一点我格外庆幸。当然，我也知道这是日积月累养成的习惯。以我个人之见，儿子在襁褓中对这个世界就有较强的感知力了，我没有放过最初的时机，和他讲道理就是从那时开始的。比如他想让我抱，我没有空抱，就让他在小床上躺着。起初，他会哭一阵子，争取自己的权利，但哭没有达到目的，他就会安静地在小床上自己玩儿，蹬蹬腿脚，伸伸胳膊，不时还咯咯笑出声来。再比如，他刚会走路，经常跌倒，趴在地上，总是伸着脑袋，等着我去搀扶，见我不动，就会哭。当然，哭又没有效果，他只有自己爬起来。

我就是用这样一次一次的交锋和他讲着道理。他懂，从来到这个世界的那一刻起就懂。那么，他的习惯也正是从来到这个世界的那一刻起，就要有意识地培养，而不是等他长到几岁之后，再来理论。那时往往已经很难纠正坏习惯了，这也从反面证明习惯就是从零岁开始形成的。老百姓常说，三岁看大，七岁看老。这话正是这个道理。

讲了道理之后，电脑游戏对儿子已经不是问题，一切由他自己做主，给他足够的信任，哪怕他偶尔有点点超标，稍加提醒，就能回到正轨。

挽　留

儿子从小学一年级就开始当班长，后来又当了学校大队委，这一点我也觉得非常庆幸。

当班长至少从两个方面对他的成长是有益的。首先，作为班长是要全面管事的，要管好别人，他就必须先做好自己。那么，这就增强了他的自我约束能力，方方面面都要自我审视，日复一日，约束就成了习惯，自然朝着顺当的方向发展了。所以，我在陪伴儿子成长的过程中感觉特别轻松，很大程度上不是我多么有耐心多么有能力，而是他本身就有一种正确的生长方向，有持续的自我驱动力。其次，班长要面对班上 50 多个同学，这对磨练他的性格也极重要。儿子从小比较内向、安静，我一直担心他没有能力向外。还好，他当了班长，这下就必须一点一点克服内心的胆怯，强迫自己抬起头，面对同学，正视同学。

他能一学期接着一学期地当班长，就证明他还干得不错。他是怎么做到的，我并不知道，甚至还有些好奇。但有一点我知道，班主任顾老师对他特别信任。

顾老师是个很有责任心的班主任，也是个非常称职的语文老师。大约是在三年级之后，她就把每周五下午最后一节课定为阅读课，同学们可以任意从家里带书来看，也鼓励相互交换着看。我从小就没有遇到过这样的老师，当时我羡慕得真想重新来上一次小学，当她的学生。

最开始，上阅读课的时候，顾老师会抱来一大摞作业本，坐在讲台上，一边批改，一边监督学生阅读。也许是同学们阅读兴趣很浓，读起书来都很入迷，根本不需要监督，后来，顾老师就不去教室了，坐在办公室批改作业。

有一个男生没有完成作业，被顾老师带到办公室补写。儿子收了全班的作业本，来交给顾老师。顾老师便对儿子说："黄岭贝，这节课堂就交给你了，不要出乱子哟！"儿子应声走了。

补写作业的男生当时就震惊了。显然，老师对黄岭贝的信任已经大大超出了他的想象。

老师的信任对一个学生的成长有多大的力量，我是深有感受的。我小学五年级的语文老师姓阎，阎老师特别喜欢我，因为我的作文写得好。好到什么程度呢？每次作文本收上来之后，她都不预览，直接找出我的作文本，翻开就给同学们作范文念。我从事过许多职业，最终能够吃写作这碗饭，要说和阎老师没有关系，我后脑勺都不相信。

儿子在成长过程中，我相信在很大程度上受益于顾老师。

当然，还有两个人对儿子的成长也相当重要，那就是外公和外婆。为了能够照顾儿子，他们特意把房子买到了儿子学校对面的小区。这样，每天中午放学，外公就来接儿子，外婆就在家里做好午餐。

可是，有一天，外婆身体出了状况，住进医院，还做了个大手术。我们一方面要到医院照顾外婆，一方面还要顾及儿子，这一下就全乱套了。无奈之下，我们准备把儿子转进日托班。

一小每个年级六个班，其中只有一个日托班，就是中午不用回家，在学校吃饭休息，晚上也不用按时放学，可以一直等到家长下班来接。这个班需要交费，名额控制很紧，一般是开学之前申请，开学之后再想转进去，就算坏规矩了。

情况特殊，也只有坏一次规矩了。因为黄岭贝同学的优异表现，我们也搭上了香边儿，平时和顾老师关系不错。我相信这次去找顾老师帮忙，她是不会拒绝的。

事情重大，我和老婆一起到办公室找顾老师谈。顾老师听完，一言不发，脸色沉重。我想，这下坏了，也许是她和校长关系紧张，让她帮这个忙确实为难她了。

我偷偷拉了拉老婆的衣角，然后对顾老师说："如果你觉得为难，我自己去找校长说？"

顾老师苦笑着摇了摇头，说："找校长，我一点都不为难。说实话，我只要一句话，黄岭贝就能转过去。可是，那样，我还有什么意思呢？"

我心里咯噔一下，因为这是我没有料到的。或者说，我只忙于解决自己的问题，根本就没有考虑过顾老师的感受。是呀，作为一名老师，都希望自己的学生好，可是，要培养一名优秀的学生，是多么不易。我不是老师，我不知道黄岭贝在顾老师心中意味着什么，但我确实被打动了，那一瞬间，我对顾老师肃然起敬。

顾老师后来说出了让我更加意外的话，她说："我的意思是，黄岭贝不要转班，有困难我们一起来解决。中午饭好说呀，你们可以给他带一份，我帮他热。再不行，你们就不用管了，我来帮他解决。"

话已经说到这个份上了，我们不能再坚持了，只有撤。撤回来之后，我们又重新制定了方案，当然不能交给顾老师，而是动员家庭成员，一起排班，有的到医院守护，有的到外公家做饭，反正医院也要送饭。这样，儿子的午餐就可以搭上一份了。实在无人做饭，外公就到楼下餐馆点餐，也能应付。

外婆住院的那段日子，就跟打仗似的，确实忙乱辛苦，但大家庭的团结合作也发挥了空前的威力。儿子身处其中，一定也感受到了方方面面的温情。

多好的大家庭氛围，千金难买。这是我的幸运，更是儿子的幸运。儿子正是浸泡在这浓厚的亲情中慢慢长大的，他的骨子里都是温暖的。也正是这亲情保证了儿子留在原班，一直跟着顾老师到小学毕业。

儿子对顾老师是有感情的，上了中学之后，他还和同学相约回母校看望顾老师几次。

儿子上了北大，顾老师打来电话祝贺，还说，马上是一小的纪念日，让儿子给母校的学生讲几句话。那时，我刚把他送到北大，就在校园里给他录了个视频，发给了顾老师。

破头事件

儿子一直是顾老师的一个小帮手，他也很乐意当这个角色，管理班上的一些事务。

言多必有失，事多必有错。有一次就出大事了。那天我在上班，约莫快到下班的时间，突然就接到顾老师的电话，问我为什么还没到她办公室来？

我吓了一跳，问："有事吗？"

"当然，你快来吧。"

我不敢怠慢，没等下班，骑上自行车就往学校奔。到了顾老师面前，看到还有一个老大爷牵着孙子等在那里。

顾老师见面就问："我不是让黄岭贝叫你马上进来的吗？"

我连忙解释："我今天没有来接黄岭贝，是他外公接走了。"

顾老师嗯了一声，指着旁边的小男生，说："黄岭贝把他的脑袋打破了，你赶紧带他到医院去看看吧。"

我脑袋迅速整合了一下信息，马上明白是怎么回事了，连忙向小男生的爷爷道歉，然后，让他先回家，我带小男生去医院。我在心里说，一定要好好对待，不能再让小男生难受了。

我查看了一下小男生的脑袋，破在后脑，血把头发结成一块板儿，幸好没有再流了。

老婆虽在医院上班，但她那医院太远，够不着。老婆今天又上夜班，我只有亲自处理这事了。不过，这事还是老婆在行，我先打电话向她说明情况，然后，问她该怎么办？

老婆毕竟专业且见多识广，只是很平静地说："别急，带他去打一针预防破伤风的针，再处理一下伤口。"

事情一下变得简单了，我心里也有了底，于是开始盘算：离一小最近的是武汉市第九医院，老婆的二姐就在这里工作。我二话不说，骑自行车带上小男生就直奔九医院。

可是，到了医院才知道，二姐已经下班回家了。我问了问走廊里的医生，人家说，下班了，不打破伤风针了。

我愣了一下，又打电话问老婆，现在该怎么办？

老婆依然平静，让我找医生清理一下伤口，等明天下夜班了，她到学校给小男生打破伤风针。

我不放心，问："明天早上，间隔这么长时间，行吗？"

老婆很肯定地告诉我，十二小时以内都有效。

我找到医生，帮小男生清理了伤口，准备带着他回家。可是，心总有点放不下，于是，我直接给二姐打电话，问她能不能想个办法，现在就打针。

二姐刚到家，让她马上返回来，太为难了。她想了想，说让我先等一下，她找找人。

不一会儿，她的电话就打过来了，她让我去找值班医生某某，最后还叮嘱我说这是违规的。我小心翼翼地去找到某某医生，人家对我们很客气，直接把小男生当作我的儿子，打了一针。

我心里终于踏实了。从医院出来，天已经麻麻黑，我送小男生回家。路过水果摊，我下来，让他帮我扶着车子。我去买了一挂香蕉，放在车篓里。

在小男生的指导下，七弯八拐，到了一个老小区的楼下。小男生一路上都很少说话，哪怕我问，除了关于回家的路，他一概不答。上了楼，开门的是他爷爷，屋子很小，又乱又暗。我把香蕉塞给爷爷，说："有任何情况，就找我啊！"

爷爷非常客气，只冲我点头笑。

我准备离开，忍不住又多了一句嘴，问孩子的爸妈呢？

爷爷叹了口气，说离了，他爸也不着家，就爷孙俩过。

从破旧的老小区出来，天完全黑了，我的心也沉得挪不动步。勉强骑上自行车，赶到外公家，儿子已经吃过晚饭了，正在写作业呢。

我一出现，儿子就紧张地站了起来，一脸警惕地盯着我。外公外婆已经知道了事情的大概，一齐上来迎接我，其实是阻拦我，怕我对儿子动火。

我一点火星子都没有，心底平静，冲儿子招了招手，让他过来，和我一起坐到沙发上。他吓得嘴巴都瘪了，眼泪扑簌簌往下掉。他显然知道自己今天闯了大祸，躲到外公家里，一直等着天塌下来。

我帮他擦了擦眼泪，说："我也没说你什么，我只想听你说说，今天是怎么回事？"

他抽噎着把事情讲了一遍。轮廓是，今天该他值日，放学的时候，组织全班排路队。那个小男生不站到队伍里来，总和别人打闹。他过去拉小男生，小男生不肯，两个人就拉扯起来。就在拉扯的过程中，小男生的后脑勺撞到了走廊墙壁上，墙壁上贴着瓷砖，正好有一块破损了，露出了尖锐的边缘。结果，小男生的脑袋被扎破了。

听完之后，我沉默了。因为这纯属意外，我无法判断对错，更不能告诉他以后不要维持纪律。

片刻之后，我绕了个弯，开始给他讲述我今天是怎么带小男生打针的，一五一十，心平气和。讲完之后，我问："老爸这样做，你觉得满意吗？"

他点头。

我接着问："老师让你叫家长，你竟然逃跑了，这种行为对不对？"

"我怕……"他眼泪又下来了。

"我知道你肯定怕。"我用手心压住他放在沙发上的手，"但是，怕，解决不了问题。你平时不总说自己是个男子汉吗？男子汉要敢作敢当。这件事情你解决不了，但总有解决的办法。老师让你叫我去，就是帮你解决问题的。"

我相信他紊乱的思路被我的话慢慢梳理清楚了。他不再试图用哭来搪塞，而是抬起头，很清晰地说，知道了。

儿子一向聪明，我也不必再啰嗦，点到为止。

不过，我的心思还没完。我跳开正题，突然问儿子：“你知道不知道他爸爸妈妈离婚了？”

儿子一愣，说不知道。

我把我的发现告诉他，最后说：“不要因为这件事就跟他有隔阂，今后，你要对他好一点，懂吗？”

儿子点头。

我摸了摸儿子的脑袋，说：“还有啊，你在维持纪律的时候，要多动脑子，少动手。”

儿子摇摇头。

我小吃一惊，问为什么。

儿子指着我，说：“你刚才就动手了。”

我被他反咬了一口，一点也不生气，一伸手抱住他，哈哈大笑。我知道，他什么都明白了。

第一次发表作品

儿子识字早、阅读早，写字也早，这些我都没有觉得奇怪，因为早就知晓，所以好像一切都是自然而然。

让我感到奇怪的是，刚上一年级，顾老师就让每一个同学准备一个作文本，写周记。我的妈呀，作文不是从三年级才开始吗？这些连字儿都认不全的小屁孩，要他们写周记，不把本子戳穿才怪！

老婆却跟我持不同看法，很认真地跑到文具店买回方格作文本。她说，也许并不指望孩子们写出什么像样的段落，哪怕练习一下写句子，也是不错的呀！

好吧，反正老师布置的任务，我们家长照办就是了。

可是，儿子一出手就把我们吓着了。他显然不是在写句子，吭哧吭哧，歪歪斜斜，错别字和拼音一齐上阵，竟然满满爬了一页格子。

老婆冲我使个眼色，我就心领神会，过去认真看他写的内容。虽然简单极了，但我还是不停地叫好。有时是为了鼓励他，有时是发自内心的。确实，对一个一年级的小学生，你就得用放大镜在他本子上找优点。换句话说，如果你了解一个一年级的学生，而且又拿了放大镜，就不难发现，他处处是优点。

我在儿子眼里是老爸，也是作家。不管我的作品如何，只要我能写出一本厚厚的书，儿子一定不敢小觑。所以，我对他的赞美一定就更加有分量。也正是因为这一点，老婆才主动让贤。从此，儿子的作文基本由我来看。

真真假假，我也赞美儿子一段时间了。有一天，我拿起他的周记，扫了一眼，就傻了。这是他写的吗？真的是很有料啊！我递给老婆看。老婆看了哈哈大笑，说这都是真事儿，写得真逗！

我却没有笑，很认真地盘算了一下，一个大胆的计划就产生了。我多年从事儿童文学写作，自然熟悉杂志和编辑，这也算是一种资源嘛，何不用用？

稍加掂量，我就锁定了《故事作文》，把稿子投给了编辑靳莉。没想到很快就录用了，并发表在 2005 年第 11 期《我的大作》栏目头条，题目是《苦恼的龋齿》。

这显然是我们家的一件大事。收到样刊的那天晚上，老婆特意做了几个好菜，我们仨庆祝了一下。

儿子自然也是高兴得手舞足蹈。他一向沉稳，那种姿态只有在看《奥特曼》的时候才会出现。

不久之后，稿费汇款单收到了，人民币15块。儿子更是激动得睡不着，躺在床上，不停地念叨："妈妈，我睡不着，怎么就有这么多钱呢？"老婆就陪着他一起高兴。

这时，我才突然想起，对一个一年级的孩子来说，这该是多么不可思议的一笔收入啊！相比之下，我就没有这种体验。我第一次在外刊发稿，是1995年，《芳草》编辑邓一光为我编发了《阿慧》，那一年我已经26岁了。我跟儿子开玩笑说："你比老爸有才，更应该当作家。"谁知这一句话后来竟然成了真。

激动之后，儿子作出了最后决定，把自己人生的第一笔钱给外公。我开始有点疑惑，片刻就明白了。外公对谁都黑着脸，唯独对他总是笑眯眯的，"小先生""小哑巴"（儿子说话较晚）喊个不停，甘愿为他做牛做马。外公用老私塾的功底教他背诵《弟子规》《三字经》；让他骑在脖子上，一次次去车站等妈妈；在大雪纷飞的夜晚，送他去上英语课……儿子把这笔"巨款"给外公，一定是做了艰难的选择。

可是，外公并不肯收。一则，这点钱对外公不算什么；再则，这是儿子凭本事挣来的，应该留着自己花。一时僵持不下，我和老婆出面劝说："这是儿子的心呢，他既然决定给你，你接受才是成人之美。"

外公这才答应。于是，在某一天，他带着儿子，拿着户口簿到邮局取了稿费。不过，外公没有带回现金，带回来的是一个中国工商银行的存折。他用黄岭贝的名字把这15块钱存起来了。

多年过去，那张存折已经不知被遗忘在哪个角落了，里面的钱早就被年费扣光了吧。但那份真情不会抹去，它已经沉淀在儿子童年的记忆中，成为人生的底色而伴随他一生。

万事开头难。儿子发表了第一篇作品之后，就陆陆续续有了更多作品见诸报刊。一方面，他喜欢写作；另一方面，他也接受了很好的训练。

在2007年5月之前，我一直在做作文培训，后来为了专心写作，才把已经成规模的培训班突然停掉。不吹牛哈，从我手里出来了大批优秀学生，有些到参加工作了还回头告诉我，他们在我那里学作文，一生受益。可惜儿子在我这里学习的时间不算长。

武汉还有一个极优秀的儿童文学作家，名叫林彦，也是我的好哥们。一打听，他竟然在汉口教孩子作文。虽然隔着一条长江，我还是毫不犹豫地把儿子送到了他的班上。

儿子很喜欢林老师，而且学到了不少真本事。直接的成果就是，写了一篇《一条等待千年的鱼》，漂亮，极有林老师的风采。经过林老师的锤炼，儿子整个小学阶段写作热情高涨，频频发表，还获过一些奖项呢。

回老家

我是在农村长大的，泥巴地里打滚，和虫草打交道，狭路相逢时绝不手软。所以，进城之后，听人说什么亲近自然，什么爱护动植物，我不明白是什么意思。因为在骨子里，我就是自然，我就是动植物呀，该怎样就怎样嘛。

后来和城里人打交道多了，才慢慢明白，他们的自然是高楼大厦，是摩肩接踵的人群。

再后来，儿子出生了，我就更明白了，一个在城里长大的孩子，根本就不知道什么是自然，什么是动植物。老一辈笑话城里人时，说他们认不清韭菜和麦子。其实，新一代更可笑，他们只知道大米是从超市来的，会以为花生挂在树上。

好吧，儿子就是新一代的城里人，跟众多同龄人一样，表面上看知识丰富智慧超群，其实呢，不仅不辨物种，更不知道食物的来源。他们是真正意义上的真空人，在富裕的时代，靠喂养长大。

对于儿子这种状况，我心里早就急出了九道弯，但不敢明示，只有等他放假的时候，带他回老家，把他丢到野地里去。我就不信，他能接受奥数这等高难度知识，就不能感受泥巴虫草的灵气？！

我特意把回老家的日子定在五一长假。因为这时春暖花开草木新绿，不仅景色迷人，温度也适合人脱掉外衣，到处撒欢。这就完全不同于春节，在农村冷得缩手缩脚，一天到晚只有围着火盆向火。

这个季节不光是为儿子选定的，老婆也特别乐意。她喜欢老家门前一片一片黄灿灿的油菜花，拉着儿子去照相，左一张右一张，站一张蹲一张，没完没了。儿子比我有修养，一直陪着妈妈一拍到底。

我早就在一边策反了，说吹笛子吧。这个理由当然充分，好像谁也不好反对，于是，该儿子唱主角了。

那时，儿子的笛子已经学得七八分熟，回老家就背着笛子，说好要吹给爷爷奶奶听。儿子一开吹，爷爷奶奶就笑得合不拢嘴。我敢打赌，他们并没有听懂孙子在吹什么，但孙子往那里横笛一站，就够迷人的，再一吹出声来——只要是个声音，就能令他们陶醉。

光在屋里吹，显然不是我的用意。我对儿子说："走，咱们到山上去吹。"

"山上好玩吗？"儿子根本没有去过山里面，脑袋里没有概念。

我故意夸大其词，说："可神秘了，我小时候就在山上放牛。"

"好呀，我们去放牛吧。"儿子果然来了兴致。

我却哽住了。现在农村都没有牛了，我家那头牛早就老了，不在了。

老婆连忙打圆场，说："牛没有了，不过，你到山上吹笛子，就是牧童呀。"

儿子一听就高兴了，于是，我们仨一起去爬山。

当然是我带路，沿着当年放牛的路线，进入山里。因为长期没有放牧，松树林浓密了许多，茅草都疯长到半人高。幸好山上还有旱田，所以上山的路隐约还在。

来到山顶，视野开阔，阳光正好。我看到了一棵老松树，当年我常趴在树下写作业，我还记得它，它还能认出我来吗？我上前扶住树干，树皮扎着手心，让我在隔世的时光里徘徊。

突然，笛声乍起，把我拉回到现实里。我转过身，背靠着老松，望着儿子。

阳光从松枝间筛下，洒落在儿子的身上。他就像一汪湖水里的鱼，尾巴一甩，搅动了一湖清水，波光一圈一圈向四处扩散。不，是风在动，风就像一个老到的指挥家，举起双臂一挥，松枝沙沙作响，茅草左右摇晃，刚刚开出白花的荆棘相互拉扯……瞬间，笛声融入了合奏，成了一首交响乐。

我一直以为那是我听过的最美妙的笛声，尽管现在我都记不起那是一首什么曲子了，但这种感觉坚定不移。那一刻的美妙让我感到四周都静止下来，只有阳光在动。阳光不是平滑的，而是像书页翻动，每翻过一页，我就能清晰地感到时间在向下陷，一直把我带到了最深最深的童年。

是老婆的掌声把我拉回到现实。儿子一曲终了，应该鼓掌，我却忘了。

像拍照一样，老婆没完没了，让儿子再来一曲，再来一曲。儿子比我有修养，陪她妈玩到底。

幸好这时，我妹妹的儿子阳阳赶了过来，他们俩相差四岁，是合适的玩伴。儿子一见阳阳哥哥，就没了吹笛子的心情，老婆只好放儿子一马。

小哥俩转头就往山下跑，一溜烟就不见了。他们这一跑，剩下的三天时间，几乎就很难看到身影了。每次只有到了吃饭时间，爷爷屋前屋后满世界喊一遍，好不容易才能把他们叫回来。进屋的时候，一个个都是泥猴子，衣服也脱得只剩贴身的衬衫。

老婆啥时候见过这阵势，拖着儿子到水池边又洗又抹，恨不得擦掉一层皮。可是，饭碗一丢，小哥俩又跑没影了。

我家门口有一个池塘，但不是我家的，是黄帮林的。黄帮林比我大两岁，从小就是个捕鱼高手，能在齐胸深的水中徒手捉住大鱼。这是我无法想象的，所以佩服得不行。

碰巧看到黄帮林从池塘上来，提着一个篓子，里面装了大半篓子龙虾。多年之后的黄帮林已经成了一个大胖子，但依然是捕鱼虾的能手。我妈拦住他，买下了他今天的收获。说是买，其实是连买带送了。

儿子在外面玩够了，跑回来，突然看到一脚盆的龙虾，喜得手舞足蹈，蹲在盆子旁边，一玩就是大半天。后来，听奶奶说要吃掉它们，坚决不肯。虾怎能不吃？奶奶趁小哥俩出去野了，把虾收拾收拾下了锅。当然，她没忘给孙子留下几只，专供他玩耍。

我没有刻意去问儿子回老家的收获，一切都在自然而然中。短暂的几天时间，他在一个完全不同的世界里玩得忘乎所以，玩得满头大汗，血脉舒张。当每一个毛孔都张开的时候，就是最大限度感受这个世界的时候，儿子像一块干燥的海绵，尽情地吸收着泥巴青草的气息，让自身充盈。

这样的感觉显然无法自禁，没有任何人要求，儿子竟然一口气写了七篇作文，篇篇恣意放纵，野趣盎然。就算是那脚盆里的几只龙虾，也让他文采迸发，写出一篇《龙虾大战》，让人拍手叫好。

儿子可能也没想到过自己会如此高产，抱着作文本过来问妈妈：“我能出书吗？”

妈妈的回答当然是肯定的：“当然能。只要你坚持写，又多又好，就能出书了。”

儿子备受鼓舞，得意地冲我一扬脸，说：“老爸，我也能出书呢！”

我知道，儿子是在向我发起挑战。他有这股劲头，我当然高兴，但我并不希望他走我这条路。因为写作有多么艰难，我心底太清楚了。我只是希望他能全面了解这个世界，然后，在自己真正热爱的领域走出一条自己的路。

画柯南

日本动漫在中国的普及率是非常高的。从幼儿时期开始，儿子就迷上了奥特曼，再大一些，又转向了柯南。

老婆为了满足儿子的好奇心，就给他买了几本柯南的书。儿子爱不释手，翻来覆去地看，书的前后都被揉搓成了腌菜，谁也不知道他到底看了多少遍。

在我几个要好的文友里面，李府东的书最多。他酷爱苏俄文学，大部头的文学书籍堆积如山。当年，我和他两家都住在白玉山，来往密切。主要是我到他家找书看，必然就要蹭饭吃。

后来，我们都搬到了鹤园小区，来往虽不如以前密了，但隔些时还会走动。有一天，我带儿子到他家去玩，他女儿丹丹正好在家。儿子虽然比丹丹姐小了一大截，但还是能玩到一起去。这样就好，我可以和李兄安静地聊天。

聊天的后续自然免不了一顿小酒。我几乎没有酒量，只是陪着李兄凑数，消磨时间。酒足饭饱，我起身告辞，却见儿子装了满满一纸箱子书。我一惊，问这是怎么回事？

儿子解释说，这全是柯南，丹丹姐的珍藏品，借他看完，还要完璧归赵的。

我只有道声谢，帮儿子扛了箱子回家。一箱书，死沉死沉，我不免想到，精神食粮也是够分量的。

回到家，儿子就被柯南吸引去了，或者换句话说，被柯南引爆了。那时候，他疯狂地迷恋柯南，让我联想到自己小时候总是想肉吃的馋相。

有了对柯南的这份牵挂，并没有影响儿子的正常作息，恰恰相反，他做什么事都格外迅速高效，挤出时间就坐在角落里安静地和柯南相处。他的心神显然已经被柯南带走了。

后来就有那么一天，老婆正在厨房忙活，隐约听见书房里的柜门开启关闭，然后，又是客厅里矮柜门打开关上。她觉得奇怪，就探出头来张望，看见儿子正在查看柜子里面，就问："干什么呢？"

儿子一惊，"啪"地关了柜门，脸色惊慌地望着妈妈，支吾着："我，在找吃的。"

"瞎说，你明明知道饼干放在茶几上。"老婆不信。

儿子见躲不过，才红着脸承认，他是在检查，看柜子里会不会藏着大活人。老婆一听，当时就笑喷了。

儿子却一点也不觉得好笑，一脸担忧地问："妈妈，你说我的文具盒里会不会被安放窃听器呀？”

“不会，窃听器是高科技的，多贵呀，谁会放到你文具盒里呢？”

“妈妈，你说小偷会不会在半夜搭着消防梯，从窗口爬到家里来呀？”

“不会，小偷都是偷偷摸摸的，怎么会开着消防车搭着消防梯来呢？”

……

儿子的疑虑被一个一个解开，但是，他的心并没有放下来。睡觉之前，他总是要去打开柜门看一眼。

我们听到了，也都不作声，相视一笑。我们小时候大概都有过一段疑神疑鬼的时期。

记得有一阵子，我只要一躺在床上，望着天花板上的花纹，就能看出鬼脸来，吓得我把头缩进被子里，不敢露出来。我小时候最过敏的一次是，一个月亮很好的夜晚，我和姐姐、妹妹一起回家。一推门，我看见一个黑影在堂屋里晃动，于是大叫“哪个”。姐姐、妹妹吓得差点倒在门口，等定下神来，才看清是我的影子。

疑神疑鬼作为一种游戏，也是很好玩的，我们决定陪儿子玩玩。因为随着年龄的增长，他很快就会变得理性，对这些失去兴趣，也许还会耻笑自己。也就是说，过了这个村，就没这个店了，抓紧吧。

老婆下夜班回家，在屋子里转一圈，再钻进厨房，就冲儿子喊：“快进来。”

儿子兴冲冲地跑进厨房，问发生了什么？

老婆神秘地一笑，说：“我知道昨天的碗是谁洗的，你信不信？”

儿子摇头，表示不信。

老婆说：“是你洗的，对不对？”

儿子瞪大眼睛，问：“你怎么知道的？”

“因为，洗碗槽里的过滤网没有清理。”老婆得意地说出谜底。

儿子彻底服气，并夸他妈有成为柯南的潜质。

在娘儿俩的带动下，我也有点柯南味了。每次我和老婆打完羽毛球回家，都是晚上十点多钟了。我一进屋，就伸手去摸电视机，高于手的温度，哈哈，这小子在家偷看电视了。但我们谁也不说，因为这时，他已经把自己的作业整整齐齐地码放在桌上，等着我们签字，自己也是洗漱完毕，规规矩矩地躺在床上了。至于有没有睡着，只有天知道。

疑神疑鬼的游戏真的很刺激很好玩，可是，儿子不久就不跟我们玩了。并不是说他对柯南的兴趣一晃就过去了，这时，他反而更迷恋柯南了，专门准备了一个画画本，开始一页一页地画柯南。

儿子从幼儿时期就开始学习卡通画，手头有些活儿，画起柯南来，有模有样。不多时，他就画了满满一本柯南。

我一丝一毫都没有阻拦他，反而鼓励他不仅画出来，还要上色，标注日期，便于留存。他兴致盎然地做着这些，我是多么羡慕他呀！曾经，我也非常迷恋画画，没有任何绘画基础，就凭一股热情，用废弃的试卷自制了一个绘画本，在试卷的反面画出一个又一个《三国演义》里的人物，身披铠甲，手握兵刃，胯下骑着战马，威风凛凛……有一次，在课堂上画入了迷，被老师当场抓住，直接把我的绘画本撕碎了，扔到了窗外。从此，我再不敢有绘画的奢望。

往事不能重演，对待儿子，我采用了和我老师相反的态度。我不仅鼓励他画，而且要他画好，如果喜欢，就一直画下去。

儿子信心倍增，真的越画越好。有一次六一儿童节，老婆医院搞了个职工亲子绘画比赛，儿子画的柯南得了一等奖，奖品是几本好书，其中就有一套《飘》，一直摆在书柜里，很大气。

随着儿子进入中学，学习越来越紧张，柯南就渐渐从他视野里消失了。我不知道柯南还在他心底里留存了多少，但我真的很庆幸，他在那个时候遇到了柯南，走进柯南心惊胆战的世界，并带着我们重温了疑神疑鬼的时光。

择　校

我和老婆是2007年开始打羽毛球的。那时，小区里的一群朋友就在楼下步行街上画一个场子，拉一个网子，挂上灯，吃完晚饭，大家就一起围着场子，看的看，打的打，轮流上场，轮流当啦啦队，热闹劲儿能把整个小区掀翻。

后来，我们的球越打越好，要求也越来越高，就不满足在野场子上打两下了，而是到外面专业的羽毛球场馆打。那里灯光好，木地板，橡胶地面，打起来带劲多了。

那时，儿子的习惯基本已经养成，能够独立完成自己的事情，而且对自己负责。我们打完球回家，一般都是晚上十点多了，儿子会把完成的作业整齐地码放在桌子上，我们只用签个字就行，非常简单。他自己洗漱也不是问题了，大多时候，我们进门的时候，屋子里是静悄悄的，儿子已经上床睡了。

我一直觉得我是幸运的，我和老婆通情，儿子达理，我们愿意为儿子做事，儿子也很自立，所以，一路走来，我们觉得特别轻松愉快。

身边常常有朋友交流育儿经，觉得他们养孩子跟打架似的，耗尽体力，还得不到想要的效果。

渐渐地，我感觉他们自己是有问题的。比如，咱们都是突然之间就当了家长的，但要做一个称职的家长，其实是很有学问的。如果我们不认真学习一下，又不是天才，凭什么就能做好呢？再比如，家长总爱指挥孩子应该这样应该那样，但自己做到没有呢？家长是孩子的榜样，自己先做到，再要求孩子才有底气。特别是读书这件事，家长都逼着孩子看，自己却不看，这样不仅让孩子怀疑，而且也失去了和孩子交流的话题。

当然，陪伴孩子要拿捏好度。就好比教孩子骑自行车，一开始你得在后面扶着，那时是特别费劲的。渐渐的，孩子能歪歪斜斜地骑了，你就只用跟在后面，偶尔扶一把。再后来，孩子骑得稳当了，你就不用跟着了，完全放手吧，只用远远地望着他，提醒他注意行人车辆就行了。

我和老婆出去打球，基本就是在儿子已经“骑稳当”之后。而且之前，我们也是开了家庭小会商量过的。我们达成共识：每一个人都负责好自己的事情，每一个人都要有自己的生活。爸妈找到了自己喜欢的运动，晚上去打打球，和球友玩得开心，还能锻炼身体，是一件有益的事。儿子表示支持，最好的姿态就是做好自己。

小学快毕业的时候，儿子的择校当然是最重要的事。但我并没有紧张，而是态度明确地对儿子说，咱们尽力，有什么水平上什么学校。儿子赞同，于是，一拍即合。

那段时间，我和老婆照常打球，场场不落。有一天，我们背着球包刚进球馆，球友们就盯着我们叫了起来："你们怎么来了？"

我和老婆都一头雾水，为什么不能来？

有人挑明了，说："今天是小考呀，就不在家管管儿子？"

我笑了，摆摆手，说："他考他的，我玩我的，井水不犯河水。"

人家不信，说："哪有像你们这样当家长的？"

老婆只好补充一下，多说两句：平时都已经跟儿子说好了，把每一次作业当作考试，把考试就当作平时写作业，小考只是他平常的一次作业。

话是这样说，但在择校方面我们态度还是积极的。青山区重点初中是实验中学，面向全市搞了一次专场考试，取前四十名，组成理科实验班，也就是常说的火箭班。这个班的学生只收 6000 元，其余的就算能进实验学校，也要交 15000 元。

我们没有放过这个机会，能做的就是把儿子送进考场，剩下的就是儿子自己的事了。结果令人满意，儿子考进了前四十名，顺利入读实验学校理科实验班。

用儿子自己的话说，不读初中，不知道小学轻松。一跨进初中的大门，整个节奏好像提了两个挡，儿子顿感不适应。最直接的表现就是作业压力大，以前一般到晚上十点，作业就完成了。上了初中，作业好像没完没了，写到十一点多是正常的，有时到了十二点还写不完。

我在一边也着急，弱弱地问儿子，能不能不写了？他又不肯，一股死磕到底的气儿。

跌跌撞撞，时间一长，不光是睡眠不足、脸色难看，成绩也直线下滑。第一次月考成绩下来，儿子排名在班上是三十多名，换句话说，就是倒着数。

我有点后悔了，当初真不该让儿子参加择校考试，以他的成绩，直接上任家路中学也是挺好的，听说那边的压力没有这么大。

老婆比我更急，她心里似乎无法接受这个名次。我相信儿子也有同样的失落感。这种情况之下，我就必须马上调整自己的心态，来安慰他们了。我说，这不是很正常吗？儿子是以前四十名考进这个班的，这个班人人都是尖子，他就是排在第四十名，也是正常的呀。而且还有一个原因就是，暑假里，儿子没有上小升初的衔接班，和其他同学相比，自然要薄弱一些。不要慌，先接受，稳住阵脚，再慢慢来适应这种快节奏。

在这种时候，老婆当然没有心情打球了。她用了整整一个月陪儿子，帮他重新整理学习方法。儿子从小数学扎实，写数学作业最快，老婆就针对性地制订了写作业的顺序：先写数学作业，其次是英语，最后是语文，因为语文作业常常涉及面比较广泛。把写的作业做完之后，再做背诵类的，最后再进入复习预习。还有一类周计划阅读作业，主要是语文和英语文章，就让儿子量化到每一天，不要堆积到最后，像山一样搬不动。针对每次作业的错误，让儿子专门准备了一个改错本，错题一道一道重做一遍，不仅能加深印象，到了期末复习，直接看错题也是很有效果的。

用了整整一个学期的时间，儿子才度过了困难期，适应了初中的节奏。然后，他就稳扎稳打，渐渐向前挺进。

这个班确实强手如林，一片战国纷乱景象。有的学生这次考试能拿第一，下次就摆尾了。上上下下，起起伏伏，连班主任陈霞老师都说跟过山车似的，受不了了。

幸运的是，儿子在适应了节奏之后，就不停地向前，一直追到全班前五。更难得的是，陈老师发出感慨，说黄岭贝同学是班上最稳定的。直到这时，我才长长松了一口气。

“文青”班主任

和儿子的老师交流，一向是老婆的强项。记忆中，我似乎没有参加过儿子的家长会，不是我不愿意参加，是老婆觉得我不合适。

也难怪。老婆只要参加家长会，就要带一个笔记本，回家一翻开，里面记了满满几页。然后，她就一项一项跟儿子讨论。这一点我确实做不到，如果我参加了，一定只是带着耳朵，回家后也没有什么多说的，老婆问一句，我答一句，就不错了。

儿子上了初中之后，我几乎就没有进过校园。经常听他讲起数学老师“发哥”，至今也未谋面。班主任陈霞老师，我也极难见到，所以，那次和她偶遇，记忆就特别深。

儿子的学校离我单位不远，在我单位附近有一个邮局，我常常在中午休息的时候，去那里寄信件，顺便在货架上看看杂志。有一次，我正在寄信，就看见陈老师走进来了。

虽然不算熟悉，但我的热情是够的，就像见到远房不太走动的亲戚。高手谈话就像交锋，几句下来，我就能感觉到陈老师是个特别朴素实在的人，心生敬意。我见她手里拿着一本书，就当作话题提问。她说是《山楂树之恋》。当时，张艺谋刚拍完电影，小说也是热门。因为不熟，当然也不能深聊关于这本书的看法。她主动说，是她一位外地同学，电话聊天，听说她手里有这本小说，就要借去一看。她刚刚看完，就来把书邮给同学。

轻言细语中，我已经感觉出陈老师是个很爱看书的人。用一句俗话说，就是文艺青年。

“文青”其实非常适合当语文老师，因为他们心中有一个理想国，身上有一股文艺气，有意无意之间传递给了学生，就是学生的幸事。

后来的一些事进一步证明了我的看法，陈老师确实极具“文青”范儿。

那时还没有微信朋友圈，陈老师就建了博客。她的博客针对性很强，不是发吃了什么美食看了什么美景，而是围绕着班级学生，但又不是仅限于学习。有时候，她会把班级优秀的作文贴上去，并亲自作点评；有时候，她找到一些文章，贴上，供学生和家长欣赏；有时候，她干脆就亲自操刀，写出一篇文章，不是为了炫技，而是表达自己的思想……

记得有一次，她写了一篇关于龙应台《目送》的读后感，在家长圈里引起了共鸣。

我经常上博客浏览，从陈老师的字里行间，能感觉到全班同学的脉动，当然也能看到儿子身在其中的点点滴滴，更能体会到一位语文老师的敬业。我相信陈老师对她的职业充满了热爱、充满了自豪。

“文青”自有“文青”的任性。在学习如此高压的情况下，陈老师一直坚持班级办刊，“纯文学”的哦，取名叫《成长的足迹》。没有刊号，应该叫内部资料吧，大概是一学年办一期。作品全部是班上同学的，版式设计、插图、编辑也由同学们共同完成。

这件事在家长圈子里得到了极大的支持，很多家长都参与进来，最后的打印装订，都由家长包了，纯义务全免费。

我算是一个阅刊无数的人，但每次拿到儿子带回来的班级刊物，我都有一种欣喜。因为这是一位老师在播种子，一群学生在施肥，他们七手八脚种出的花草歪歪斜斜，不太成行。这一切正是我喜爱的地方，不规矩，无章法，全是学生们“乱编乱排”的，这帮高智商的孩子，准确地说，多是未来的理科生，他们在尽情挥洒着自己的文艺气息，字里行间时常闪过真诚、幽默、俏皮，当然也不乏惊艳之语。

陈老师挂名总编辑，不只是幕后策划者，也是直接参与者。第二期的开篇就是她的一组文章，既文采飞扬又真挚温暖。她的一张生活照打头，个人简介是这样写的：陈霞，语文高级教师，相信善良，相信美好，相信正义，相信孩子们会越来越好！然后，留下了她的 QQ 号。

这本刊物一直坚持了三年，最终成了全班同学初中生活的记录与见证。我不知道其他学校其他班级有没有这类刊物，如果有，我觉得很好。如果没有，那么，我真该为儿子感到庆幸，他能在学习陡然加压的时候，遇到一位“文青”班主任，实在是难得。

有温度的老师

感冒发烧是伴随儿子成长的常见病，一到冬天，更是防不胜防，一年总要来那么几次。据我不完全统计，儿子似乎已经病出了规律，一般是小考前小病，大考前大病。

也有例外。记得有一次，没有任何考试，儿子也病了。那天放学回家刚进门，他就喊头疼。一摸，好家伙，烫手；一量，39 摄氏度。休息吧，不行，作业一大堆呢。

家里常备感冒药，老婆拿出好几个盒子，分配计量，让儿子吃了药。

我说，捂着被子睡觉吧。

儿子不肯，到书桌前写作业去了。老婆也没有表态，只是跟着进去，又摸了一下儿子的额头，就出来了。

儿子小的时候，我也年轻，那时在家里很有点“暴君”气质。儿子慢慢长大，我的脾气也小了许多，自动从“暴君”的位置上下来了，立志做个良民，有意见不乱说，先尊重儿子，再服从老婆。所以，这一次，我也只是弱弱地发表一下意见罢了。

意见没有被采纳，我一晚上都坐立不安。不是为自己，是为儿子。儿子一边写作业，一边不时传出咳嗽声。我偷瞄一眼，见他十分痛苦，一手撑着额头，一手握着笔头。

老婆当然没闲着，熬了一碗姜汤，让儿子趁热喝下。

时间一晃就到了十一点半，儿子把作业消灭得差不多了，说还差最后一项，写一篇作文。

我一听就站了起来，说算了算了，写一篇作文怎么也得半个小时到一个小时，平时还好说，现在发着烧呢，不写了。

我的态度很强硬，大概是长期没有作主，触底反弹了。好在老婆马上就同意了，催儿子早睡。

儿子还在犹豫。我知道他是怕陈霞老师那一关过不去，就说，没事，我给陈老师打电话。

时间已经不早了，给陈老师打电话显然不合适。我们就让儿子先睡，等明天一早再联系陈老师，说明情况。

学校要求早上七点二十到校。老婆破例开车送儿子，我的单位离儿子学校不远，正好搭个香边儿。我们出发的时候，天还没亮，儿子已经不发烧了，但脸色发白，没有精气神儿。

走到半路，估摸着陈老师应该起床了，我就拨打了她的电话。电话一打就通，陈老师一说就通，没有任何阻力。我相信那一刻，儿子的心里也通了。

我很欣赏儿子身上那股犟劲儿，因为一个人如果没有这股劲头，是不可能把一件事情做好的。换句话说，学习本身并不是最重要的，重要的是他练就了做事的态度。

到了初三，有个元月调考，非常重要。这是一次大规模的摸底考试，由武汉市统一出题，试卷由各个学校交叉批改，也就是说本校试卷由外校老师批改，以保证公平公正，考试成绩将被作为各大重点高中预录的重要依据。

儿子这次考试总成绩虽然不差，但有一项让他非常郁闷，就是作文得了超低分。语文试卷发下来之后，儿子主动把作文拿给我看，让我这个作家老爸给他把把脉。

作文的题目是《汉字的温度》。我一字一句看完了儿子的作文，忍不住一拍桌子站了起来，冲儿子竖起大拇指，说："写得好，实在是好！"

儿子盯着我的眼睛，一脸不信，说："纯属鼓励，对不对？我是让你给我指出不足，我好改。"

"没有不足，要我说，应该得满分。"我说的是真心话，怕他不信，又补充，"就你这种角度和联想，我都做不到。多有新意，多有气势，多有才华……"

"行了，行了。"儿子一指试卷，"这个分数怎么解释？"

我确实非常不解，这个分数换算成百分制，都不及格。作为老江湖，我相信我的判断。更重要的是，我不想儿子的才华被轻易否定，我得让儿子相信，他这确实是一篇才华横溢的文章。一瞬间，我想到了他们权威的陈霞老师，然后，我说："我的话你可以不信，但你必须做一件事，把试卷给陈老师看一下，听她怎么说。"

这显然是个好主意，儿子欣然照办。

儿子晚上回家，我追问作文的事。儿子脸色很好，转述了陈老师的话。陈老师的意思大致有几点：一是，这是她看到的这次考试中最好的一篇作文，没有之一；二是，改卷老师粗心大意或者根本就没有水平，完全误判了这篇作文；三是，改卷老师恶意压低尖子生的分数，阻止肥水外流（青山区只有一所重点高中，排名也相对靠后，所以，很多学生都想报考其他城区的重点高中），作文是个弹性分数，最容易做手脚。

我长长地松了一口气，丝毫不是为了这个分数。一个称职的老师是多么了不起呀，她能在家长无力的时候，站出来给出权威的解释。陈老师的这番解释，无疑极大地鼓舞了儿子的士气，保护了儿子的自信心。

我再一次为儿子感到庆幸，在初中阶段，他遇到了陈霞老师，一个有温度的老师。

写　信

到了初三，学习压力越来越大，陈老师反而更爱开小差了。

有一天，儿子回家说，陈老师要我们写一封信。我以为就是一篇书信体的作文，就随口应道，你就写一篇嘛。

“不是我自己写一篇。”儿子强调，“是我给你们写一封信，然后，你们每人再给我写一封信。”

我和老婆一听，都觉得有些搞笑。咱们一家三口每天都在一起，有话当面说，还写什么信？话虽这样说，但是，老师布置了任务，我们当然不能拖儿子后腿，就笑着答应了。

我们并没有动笔，直到有一天，儿子的信写出来了，我和老婆一看，都惊出一身汗，才赶紧分头行动。原来，每天在一起，也有那么多话说不出口，也有那么多互相不了解的地方，看来，写信很有必要。

在这里，我把三封信原封不动地呈现出来。

致父母的一封信

亲爱的爸爸、妈妈：

你们好！

新年伊始，在这春的脚步即将到来之时，冰雪消融，化为河流奔向大海，万物复苏，草木身上绽放出绿色。新年新气象，一切都会向着好的方向发展。我也祝你们在新的一年里万事如意，天天开心快乐！

同时，我也感谢你们这么多年对我含辛茹苦的养育之恩，你们总是发现我身上的不足之处并加以改正。尤其是在我小的时候，很多好的习惯还未养成，甚至还在无意中养成了一些不良习惯。这时候，你们就一点点地将我身上的毛病纠正过来。呵呵！为这事你们那时也没少打我骂我，但我知道你们那样都是为了我好，恨铁不成钢，想让我在小时候就养成好的习惯。我也非常理解你们，若是没有你们那时候的教育，我也无法养成这么多好的学习习惯和生活习惯，这些都是我一生的财富呀！

当然，你们不只是对我严厉，同时，你们在我有什么需求时也会尽可能地满足我。记得小学的时候，我想要一双直排溜冰鞋，那天晚上，爸爸原本打算下班之后为我买的，但是突然下起了大雨。我已经不抱希望了，没想到爸爸回家的时候，竟然拎着一个鞋盒子，他的身上已经淋了个透湿。我在开心的同时，心底也泛起了层层感动。我知道您们都是爱我的，只是更喜欢用行动，而不是语言。

虽然你们总是对我很严厉，但当我考试没考好，感到失落时，你们却并没有责备我，相反还给予我极大的鼓励，和我一起分析考试失误的原因，让我改正。就这样，在完善学习方法的同时，我也能够重拾信心，继续尽自己的全力去奋斗。

眨眼之间，已经是初三下半学期，中考已经是近在眼前，学习任务也是越来越繁重。妈妈也总是担心我太累，或是在外面吃得不好。其实我也知道你们总是在为我的学习和生活操心，每当我星期五回家吃饭，妈妈总会做很多好吃的，这都让我倍觉感动。而当我看见你们头上的青丝变成白发时，我又十分心疼。我只想在信中说：希望你们少为我操点心，多让自己放松一下，让自己活得轻松快乐。我能照顾好自己的。

新的一年，对于一切都是新的开始，希望你们每一天都轻松快乐。我也会努力学习，争取创造出新的佳绩。

你们的儿子　黄岭贝

2013 年 3 月 6 日

给儿子的一封信

亲爱的小儿子：

其实你现在已经不小了，可是我还是习惯这样叫你，就像你还停留在只到我肩膀那么高的时候。事实是，我已经在仰视你了，就在初中这两年，一眨眼你就超过了我，已经足足高出我大半个头。我骄傲！

从小到大，你都一直让我骄傲。养孩子是一件如履薄冰的事情，一点也不像我写小说，可以随心所欲，错了大不了重来。可是，慢慢地，我觉得你是一块坚实的冰，我怎么踩，心里都踏实。

记得你刚上小学的时候，我就开始担心，如果你不爱学习怎么办？事实正好相反，你不仅爱学习，而且一直是班上的前几名。这是多少家长渴求的呀，也是可遇而不可求的呀！这让我有了底气，可以专心致志地做一件事——注重你的生活习惯。

这方面我确实花了不少心思。你不爱说话，但我要求你见到左邻右舍一定要打招呼。最开始你做不到，我就牵着你的手，一起上楼，碰到邻居我就热情点头，有时还会攀谈。日久天长，你就习惯了，见到熟人都会打个招呼。前两天，我的一个球友还一个劲地夸你有礼貌，说你大老远就跟他打招呼。

你很小的时候就成了我们家的环保员，每天负责倒垃圾，还学会了洗碗，那时你好像还没有灶台高呢。

一开始我觉得，我们天天见面，突然要给你写信，怪怪的。可是，等我写起来才明白，很多话平时根本没机会说，也说不出口，真得写信才能细细道出。

我希望你成为一个有爱心的男子汉。我们一起乘车，一见老人上来，我就推你，叫你让座。你不肯，我就站起来让座。在我的影响下，你很快就习惯了把自己的座位让给老人。

在你的个头又长高一点时，我就把乘车卡交给你，让你来刷我们两个人的卡。你不仅找到了自豪感，而且更重要的是从不会想着去逃票。我说，该你付出的，一定要付出。你懂的。

我们还一起探讨过善待他人的问题。比如到饭店吃饭，对服务员一定要礼貌，要发自内心地尊重。你出钱，人家出服务，这是公平的，人家并没有占你的便宜。到了菜场，对小贩也要尊重。你出钱，人家给你菜，这很公平呀。就算给乞丐钱，我们也应该面带笑容，不要把钱和鄙视一起丢给别人。

不光是我在教你，我也在你身上得到了最大的幸福感和满足感。如果说这样说有点虚，那我就说点实的吧。上小学时，周末我一直陪着你到武昌培优。那些年表面看起来，我付出了许多，其实也是我收获最大的几年。每次你上课之后，我就在家长休息室坐下，没完没了地啃一些砖头似的历史古书，《史记》《资治通鉴》《论语》《老子》……这些让我对中国历史以及传统文化有了更加深刻的了解。

在这个基础上，我写出了长篇小说《猫王》，这绝对是我一生中一部转折性的作品。如果不是你带着我到武昌，我怎么能静下心来啃书？也就不会有《猫王》出世了。所以，我感谢你！

我非常怀念你上小学的那段时光，我们总能泡在一起，爱也好腻也好，总能感受到对方的信息。上了中学，学习压力陡然增大，你忙得头都抬不起来，尤其到了初三，一个星期我们都难得在一起吃两顿饭。

我觉得牵着你的手是最幸福的，可是，你长大了，已经不习惯了。我也不强求吧，等我再老一点了，你会来牵我的手，当然，那是一种完全不同的感觉了。

我有了一种隐隐的失落感，儿子越来越大了，也离我越来越远了。总有一天你会彻底离开我们，自己去飞。这是必然的，我不也是这样过来的吗？正写到这里，我接到了我妈的一条短信：我想你们。

其实，我对你不必过分操心，你的成绩一直稳定且优秀。你的性格也一直稳定，没有很突出的青春叛逆。但是，还有一件事情我必须操心，那就是你的未来。

我始终坚定地认为，一个人必须有理想，才活得充实而快乐。而理想并不等于职业，要大学毕业才会眉目清晰。理想是从小就埋在心里的梦，就像一棵弱弱的树苗，需要我们小心呵护，用心培养，时时警惕被现实的风雨扼杀。

从小，你就是个很认真的孩子，做什么像什么。你学过几年竹笛，很快就过了十级。你的老师非常欣赏，建议你上音乐附中。但我知道那并不是你的理想，所以我们没有去。

你一直喜欢画画，从幼儿园开始就有让我眼睛一亮的作品。我小心翼翼地问你，以后就当画家行不行？你每次的回答都是肯定的。我心里慢慢有了谱，就鼓励你去学画画，树立人生的理想，沿着这条路走下去。人生不是要常立志，但要早立志。

人们常常会认为，只有学习成绩不行了，才去学画画。我不同意这种观点。我的想法是，文化课是基础，学习好，基础打得牢，然后，才有机会去上最好的美术学院。等你大学毕业了，我还要和你一起去游历法国、意大利等一些艺术发展领先的国家，亲身感受那些伟大艺术作品的气息。当然，我们也有足够的时间细细品味中国的名山大川，那里一定饱含着中国传统文化的韵味，博大精深。

不要把自己的重心放在钱上，人不是为赚钱而生的。你要一门心思地打磨自己，渐渐具备创造力，还要有足够的毅力，有宽广的胸怀，有了爱的能力，然后，你才会真正懂得生活，才可以真正驾驭生活。

以我的人生经验，我想最后再烦你一句：不必考虑结果，一生走在通往梦想的路上，就足够幸福了。

拥抱亲爱的小儿子！

老爸

2013年3月16日

给小贝的一封信

亲爱的小贝勒：

你好！

弹指一挥间，我们的小贝勒已经快十五岁了。人们常说“小儿难养”，尽管辛苦、操劳，但我很享受我们在一起的时光。提笔写信，你的成长足迹就像放电影一般在妈妈的脑海中掠过，我们来聊聊吧！

尽管妈妈是一名医务人员，但你的降临还是让我有些手足无措。带一个刚出生的小肉坨坨还真没经验，不怕你笑话，妈妈是在书本的指引下把你带大的，什么《婴幼教师》《万婴跟踪》《零岁方案》《儿童创造力与儿童游戏》《卡尔·威特的教育》等等，我都认真学习，直到你刚上初中，我还买了一本《青春期，做孩子最好的心理医生》。当然，这些书都是妈妈看的，这是妈妈自己的作业，自己的功课。我总想，你就像一棵小树苗，把你养好教好是妈妈的责任。

从小妈妈就声情并茂地给你讲故事，然后就是看图画书，然后我们就在图画书里玩找字的游戏。在这些不经意的游戏中，你学会了好多汉字，最后，你的识字量让妈妈都惊讶。记得你上一年级下学期的五一长假，我下夜班回家，你老爸兴奋地说：“儿子昨天把我写的《我的朋友是怪蛇》这本书一天就看完了！”我不相信。然后，你把书里的内容详细地讲了一遍。我激动得不能自禁。

慢慢的，书成了你的好朋友。三年级，你就开始看厚厚的《哈利·波特》，尽管时常“秀才只认半边字”，但你已经沉浸到书里去了。爱上读书真是太好了，书让你有了“静”的一面。

记得你三四岁那年的早春，你嚷着要我给你买一只小鸭子，可爱的黄黄的小毛球，你走到哪儿都带上它。有一天到大姨妈家聚会，大人们都在玩自己的，你没有缠着我们，我们也乐得逍遥。过了一会儿，大姨妈小声对我说，你儿子这么安静，你猜他在干什么？我说怎么了？她说你儿子在厕所里接了一大脚盆水，把鸭子不停地往水里摁。我冲进厕所，看见你蹲在地上，两只小手冻得红通通的，还在把刚刚浮出水面的小鸭子往水里摁。我说，小贝，你会把鸭子淹死的。谁知你不解地问我，鸭子不是不怕水吗？你的回答一时把我噎住了。我把鸭子从水里捞出来，鸭子湿淋淋的，浑身发抖。你终于吓着了，问我该怎么办。这时，大姨妈过来了，说拿到楼下太阳地里晒晒。晒太阳也没有让小鸭子缓过来，当天晚上就去了。你哭得那个伤心哟，边哭边说，鸭子不是不怕水吗？还记得这次你的“萌”吗？

2005年12月，你赚了人生的“第一桶金”，《苦恼的龋齿》发表在《故事作文》上，收到稿费15元。那天晚上，你兴奋得一直不愿入睡，不停地说：“妈妈，我不想睡觉，我就想说话；妈妈，我以为稿费5块钱就很多了，怎么就是15块钱呢？”真叫逗啊！

看见你的小“贪”了吧？不过，你很懂得感恩，把第一桶金献给了姥姥、姥爷。你说爸爸妈妈忙于工作的时候，是姥姥、姥爷照顾着你。姥爷把钱存在你的账户名下，至今保留着。

四岁那年，不经意间，我在你的幼儿园的书里看见了一个类似于书签的一幅小画，画的是《数码宝贝》里的暴龙兽。我说这是哪里来的，你说是你画的。真是画得好，那暴龙兽的爪子栩栩如生。也许那时你就爱上了卡通画，种下了画画的种子，一直到现在都没有放弃。这是你的“梦”吗？

小学二年级暑假，你开始在爸爸的好友徐老师那里学习奥数，一个个生动的奥数小故事引领着你的好奇心，你着迷并爱上了它。在往返路途奔波中，我试着问你累不累。你风趣地说，我晕车，坐车累，解题不累，有时使劲地想出一道题，觉得好高兴！我说，这就对了，这是你努力付出获得成功后的喜悦，这是一种美妙的感觉！一点一滴的收获让你有了更强的求知欲，我也陪伴着你，告诉你学习的方法，渐渐的，三年级下学期的学习，你基本可以独立了。妈妈很欣慰！

成长的路上，我和你老爸更注重对你品行的培养，关爱、友善、坚韧、坚持、智慧、宽容、勤劳、感恩……在一本本优秀的儿童书籍中展现，《窗边的小豆豆》《夏洛的网》《吹小号的天鹅》《时代广场的蟋蟀》等等，你看了不知多少遍。我与你一同阅读，一同探讨分析，至今我觉得你具备这些美德，我高兴！

你成长的路上，妈妈争取做个合格的“疏通工”，梳理你的困惑、你的焦虑、你所遇到的种种困难。不要害怕，有问题，我们一起想办法，一起面对！

你成长的路上，妈妈还要争取做个合格的“打气筒”，为你喝彩，为你鼓劲加油！

找准自己的梦想，并坚持一辈子，你身边的老爸就是鲜活的例子。小贝勒，做个执着的棒小伙吧！

你亲爱的妈妈

2013 年 3 月 21 日

看了儿子的信，我有了更多的反思。我本来以为自己做得还可以，并口口声声说要做儿子的朋友，没想到，他给我的评价竟是“严厉”。唉，也难怪，他小的时候，我年轻气盛，缺少耐心，又唯恐他走偏，就难免时时念经，有时动粗。好在我有所醒悟，自从儿子上四年级之后，我再没有打过他的屁股，甚至也没有再对他说过一句狠话了。

因此我也得出一个结论，最好的教育就是有耐心的陪伴。

学素描

小学毕业，儿子就再没有往武昌跑了，那些占据整个休息日的培优终于告一段落。但培优并没有结束，用家长们的口头禅说，万里长征才迈出第一步。

老婆充分发挥了她好打听的特长，吸取舍近求远的教训，在实验中学附近落实了一家培训中心，保证儿子的培优无缝对接。当然，培训哪一科，还是让儿子自己选择。

儿子自认为数学是基础，没有犹豫，就继续选定了。另外，初中新开了物理，他怕自己跟不上，也在培训中心选了一门物理。够了，再多就忙不过来了。

给儿子报完名交完钱，儿子进教室听课，我和老婆在楼道里转悠，不经意间看到了一个美术培训班。我们进去细问，才知道人家是专门招收高中生，冲刺高考的。屋子里坐着几个高中生，架着画板，都在画素描。桌子上摆着陶罐和苹果，旁边架子上放着各种石膏像。

老师是一个小伙子，姓田，个子不高，很精神，不像个艺术家，倒像个白领。田老师知道我们的意思，就笑着说："我们从来没有收过小孩子，不过，只要他愿意，也可以来学。"

听到这样的话，我和老婆就有了想法：儿子喜欢画画，如果以后走这条路，那么，趁早打基础，功底就更扎实吧。

下了课，我们带着儿子去见了田老师。美术教室里的摆设有些特别，儿子看了一圈，好像就喜欢了，答应学素描。

素描课是在休息日的下午，儿子自己搭车往返。一开始，儿子表现出了极大的兴趣，一向话少的他，回家后常常说起教室里的趣事。因为夹在那些高中的大哥哥大姐姐里，他就是个小萝卜头。但他并没有因此被冷落被排挤，从他的谈话中能觉到，他很愿意和那些大龄大个儿相处。

我悄悄松了口气，并甩给儿子话头：不要有压力，学多少算多少，就当是去放松了。

儿子回我一句："你去放松试试？"

我马上闭嘴。看来，学素描并不轻松，况且儿子是个很认真的人，也不会轻易放松自己。

上了初中，校内学习压力就很大，很难挤出时间去培优。这期间，儿子也一直在犹豫之中。

最开始是数学，大概学了一个学期，儿子主动提出放弃。他说，这个班上的课，对他来说没有难度，而且老师上课也很沉闷，再跟着走下去，就是浪费时间。

我和老婆当然听儿子的，果断放弃。

从此，数学课外培训就彻底结束了。

我本来想趁机让儿子把物理培训也终止，没料到他坚决不肯。细问才知道，这物理老师姓吕，年纪虽不大，上课却极有一套。吕老师总能把枯燥的物理知识和日常生活紧密联系起来，讲得有时亲切，有时悬疑，故事讲完了，知识也到位了。

我相信儿子是真心喜欢吕老师，而且受益匪浅。在强手如林的理科实验班，儿子的物理一直名列前茅，有时在大考中，还能考出满分。这是极少见的。

既然如此，我们就没有再说什么。儿子跟着吕老师一直学到课程结束，那时，已经迫近中考了。

素描学习了一段时间，可能是过于枯燥，而且一幅画往往要两次课去完成，儿子呈现出明显的疲劳状态。如果放弃，非常可惜，因为我亲眼看见他的画，一张比一张有味道了。

我问儿子，还喜欢画画吗？

儿子说，喜欢，但不是素描这样的。

我就解释说："如果你真心喜欢画画，就要舍得付出耐心，把基础打牢。而且，在以后漫长的过程中，无论你多么喜欢，都会有厌倦的时候。从热爱开始，靠毅力坚持，这是谁也绕不过的人生定式。再坚持一下，好不好？"

儿子听得懂我的大道理，没再说什么，照常去画素描。挺过了一段时间，他的情绪又上来了。一方面是他大概接受了素描的枯燥状态，另外，他跟田老师玩出了私交，田老师知道他会打乒乓球，就决定较量一把。

据儿子说，有一次下了课，田老师带着他去一个乒乓球馆，两个人都憋足了劲，可是，没开馆。不过，田老师没有放弃，第二周下了课，又带着儿子去了。两个人大战一场，天昏地暗，最后竟然分不清谁胜谁负了。

我知道了，儿子在学素描，但不仅仅是在学素描了。这是我格外感到欣慰的，因为我的想法就是如此，人生许多时候要有目标，但又不要仅仅限定于追求那一个终点，若能享受追求的过程，到了后来，会渐渐发现，最初设定的终点，其实并没有那么重要。

当然，儿子并不一定是如我所想，但无论如何，他已经没有厌烦情绪了，并一直把素描坚持到了初中毕业。

青春期，找到一扇望远的窗口

青春期

七八九，嫌死狗。这是孩子成长期的一个经典论断。

想想也正常，一个幼小的生命，来到这个世界，摇摇晃晃地长大，七岁之后，腿脚开始长劲了，要跑、要跳、要折腾，这应该是生理现象。

细想起来，儿子那个时期总是在小区里玩得满头大汗，学溜冰、学滑板、学打乒乓球、学骑自行车，都是那个时候的事。如果不给他一个出口，估计他会憋出病来。

过了嫌死狗的年龄，没消停两年，青春期又来了。

青春期的特征就更明显了。首先是生理现象：眼睁睁看着儿子长出了喉结，声音变粗，脸上有了痘，嘴上有了毛……这些其实都是表面的，由这些生理现象滋生出的心理才是实质问题。我们要小心的也正是后者。

我私下的想法是：青春期最显著的心理是性别意识增强，对异性格外敏感；同时，成人意识也凸显出来，总想把稚嫩的心智装扮成一副成熟模样，对外界的指手画脚有超强的排斥力……

我常常认为养孩子如履薄冰。青春期显然是一个薄冰区域，我提醒自己要时时注意，处处小心。幸好那时我已经度过了年轻气盛火气大的时期，让自己平和下来了，和儿子相处，就更有把握了。

儿子上了中学之后，变化当然是方方面面的。其一，不像小学那样愿意交流，不知是不是学习压力过大，反正言语更少了。其二，做事有主见了，不再像以前凡事都向我们询问。其三，每天早出晚归，见面时间明显缩减，就算晚上回到家，感觉他也是忙自己的，就像一棵孤独的树。种种迹象相加，我就不能像从前那样了解他的想法了，渐渐地，我们之间似乎有那么一层隔膜，说不清道不明。

我明白，此时着急是没有用的，更不能强迫儿子回到从前，一厢情愿地让他亲近我们。

我把这种感受与好友萧衮交流，他说，这就是典型的青春期综合征。萧衮的女儿品品比我儿子大几岁，他有过和孩子共度青春期的经验。据他说，有一次他和品品到超市购物，因为一点点小摩擦，品品反应非常激烈，东西也不买了，转身奔回家。他随后追了回来，无论怎么劝说，品品根本听不进，大发脾气。最后，他只好拿出手边的报纸，和品品一起撕，用力撕，细细地撕，等撕得满地纸屑，品品才慢慢平静下来。

有了经验之谈，我就不会轻易惹火儿子，只是倍加小心，细心旁观。

我首先发现，儿子阅读的轨道已经有了微妙的变化。小学的时候，他读书还比较多，而且他阅读的书目大多我是知道的。进入中学，我一直以为因为学习紧张，他就极少读书了。事实上，平时也看不到他读课外书。

一个偶然的机会，老婆在收拾儿子书桌时，发现最下面一个抽屉里放着一大摞《知音漫客》，非常惊讶，喊我过去看。我看了之后，也很意外，先让老婆少安毋躁，我找机会跟儿子谈谈。

晚上，儿子回家了。我瞅准空当，来到他书桌边，假装闲聊，问："你的这些《知音漫客》都是哪里来的？"

"自己买的。"儿子并不回避。

"好看吗？"《知音漫客》是我们本土杂志，我当然知道其受欢迎的程度。

"还行。"这是儿子惯用的口气，他从来不轻易赞美什么。

"看这么多杂志，应该很花时间吧？"

儿子似乎察觉到我是有目的，马上警惕起来，说："随便翻翻，放松一下神经，不行吗？"

我也警惕起来，不能再触犯他的敏感神经了，就说："当然好，我只是担心你分神了，学习这么紧张，压力会更大……"

"行了行了，我知道了，再不买了，还不行吗？"

我们的谈话到此为止，我甚至都没有再关心他之后到底还有没有继续买。我只是告诫自己，这种事情并没有是非之分，点到为止。

之后，我又发现，儿子书包里背着厚厚的书，有一次是《盗墓笔记》，还有一次是《斗罗大陆》。对于这些超级畅销书，我一时不知该怎么对儿子说，但不说是肯定不行的。我先让自己有足够的耐心，心平气和，然后，才面对他，说："这样的书，不是不能看，而是太厚，而且一套有许多本，如果追下去，肯定会影响学习。看一本就行了。"

儿子说，书是找同学借的，确实吸引人。不过，他也同意我的说法，答应看完就还给同学。

对于这些书的事，我也没有再追踪。我始终把儿子设定成一个达理者，我能给他的只是一些意见，至于后果，他自己把握吧。反正我就在他左右，可以不时给他提醒就好了。每次在提醒他之前，我都要先提醒自己，不可把话说得太死，不可把他逼得太急，轻轻说，慢慢来。

除了阅读，在上电脑方面，也有些拉锯。儿子已经很有自控力，只是在周末上上电脑，当然主要是玩游戏。从小到大就有一个规矩，游戏时间不能超过半小时。

有时时间不早了，老婆要催儿子休息，而此时也差不多就是半小时的游戏时间已到。儿子有他的小心眼，一边应着，一边说把这一盘打完。其实我在一旁看得清楚，儿子有意重新启动了新一盘的游戏。但我不说明，只是冲老婆使个眼色，然后对儿子说："打完这一盘睡觉。"听了这话，儿子自然爽快，不会再食言。一盘游戏不过也就十分钟，有什么大不了，换来相安无事，多么值得。

有一件事让我至今记忆深刻。上中学之后，儿子一大早就上学，很晚才能回到家。那天，他一进家门，就直接进了自己房间。我随后就跟了进去，看见他正铺开书本，进入一级战备状态，就像是从一个战场刚刚转移到另一个战场。

他听到了脚步声，猛地转过头来，非常不满地盯着我，问："你进来干什么？"

我根本没有料到他的火气会突然冲出来。那一刻，我一肚子的火也忽地一下冒到喉咙眼上了：怎么地？我是你爹，还不能进你房间了？

但就在火气要冲出喉咙的时候，我强迫自己冷静，硬是吞了一口口水，火气才慢慢下了肚。我非常清楚，这时我要一上火，这屋子非烧起来不可。他脾气这样大，一定是有什么事，许多事又是很微妙的，不能打听。那么，这一秒，最好的办法就是改变我自己。

我把手高高举了起来，往他肩膀上一搭，把头凑近，说："一天都没有看到你了，想你了，不行吗？"话一出口，发现自己说的也许就是实情。其实，我从来就没有要想过来监督他，只是想亲近一下。

就在那一瞬间，我有明显的感觉：他就像一只刺猬，浑身竖起的刺慢慢耷拉下来。

他对自己刚才的态度其实已经有了明显的歉意，伸手摸了摸我的脑门，说："好了，一边凉快去。"语气是柔和的，只是让我别来烦他。

这样的时刻在那些日子里经常出现，可以说时时都有暗流，处处都有险滩，但我没有过于紧张。因为我知道，我是在和儿子一起渡过，只要我时时警惕，处处小心，就能成为一名称职的舵手，避过一个个暗礁。

要绕过青春期的暗礁，方法其实非常简单：无非是要给儿子尊重、理解、信任，最后还有很重要的一点——宽容。

这样说，似乎还是有些复杂。我再简化一下，就是把儿子当作同事一样对待，一切OK。

选择高中

武汉市元月调考成绩下来之后，各大重点高中就开始预先招揽生源了。

华师一附中、外校、二中、武钢三中都是热门。其中，武钢三中跟儿子就读的实验中学是对口高中，初中部理科实验班的学生家长统统被叫到高中部开会，并当场签约，条件相当优厚：只要签了约，哪怕中考分数比录取线低 30 分，也照常录取。这样一来，基本就是稳进武钢三中，万无一失了。

可是，儿子还是想上华师一附中，因为该校有一个美术班，如果进了这个班，文化课美术课学校会科学调剂，就不用自己再到校外专门学美术，否则还可能和校内文化课冲突呢。而武钢三中没有美术班。也就是说，直到此时，儿子走美术路线的意愿还是明确的。

我和老婆先到华师一附中去了一趟，预报了名，想见见美术老师，但没有见着。

过了几天，我们又带着儿子到华师一附中去了一趟，有两个目的：一是让儿子感受一下学校的氛围，对自己即将就读的学校有个直观认识；二是见见美术老师，面谈一下。

这一次运气不错，找到了百忙之中的美术老师。她人很好，看了儿子的成绩，略表惊讶，问这么好的分数，为什么要学美术？我们早就准备好了答案，说考好的美术学院也要高分嘛。

老师很高兴，让我们回去，好好准备武汉市的美术摸底考试。

美术摸底考试是在汉口进行的。那天，我和老婆一起送儿子去，就像春游。儿子从考场出来，说也没什么，就是画了一张画。

可是，等结果出来，却没有儿子的名字。我慌了神，给美术老师打电话。美术老师责怪我，说这种考试本身就是走过场，她叮嘱过我，我自己没有重视，怪谁？

唉，后悔也没用了，我问老师，现在该怎么办？

老师说，也不用慌，让儿子先考试，分数够了就正取下来，然后，再转入她的文科班。

我一听，有些新的信息，就问，不是美术班吗？怎么是文科班？

老师说，美术生就在文科班的呀。

我一听，也有道理，就把这个信息转告给儿子，并问他，硬考华师一附中，有没有信心？

儿子说：“有信心。不过，我不想学文科，因为我的强项还是理科。”

这个理儿我懂，想当年，我也爱文学，但要论考试，我的强项也是理科。

事情到此，好像有点卡住了。好在这时，老婆又发挥了她好打听的特长，找到了她的初中同学，姓龚。龚老师现在一所高中专门带美术生，可谓专业人士。

趁儿子有空，我们一家三口请龚老师吃饭，就儿子择校的事，请教龚老师。

龚老师不愧是“老江湖”，听完我们的简述，就直接摇头，说，你儿子为什么要上美术班呢？美术这个东西，他如果热爱，等上了大学，自己去玩就是了。

我当然又摆出我的理由，说儿子可以冲中央美院之类的呀。

龚老师非常不屑地摆摆手，说：“我告诉你，你要考中央美院，在高考之前，就得到中央美院旁边去住几个月，花个20万，跟那里的老师学。然后，再看自己的造化。以我的经验，考中央美院比考清华北大的比例要小得多。如果考不上一流的美院，就要掉到下一档，那时，你儿子就跟考分只有两三百分的考生是一样的，你觉得亏不亏？”

真是听君一席话，胜吃十年药啊！我就像个重感冒病人刚刚被下了一剂猛药，浑身冒汗。

真的有这么险吗？人家带了几十年美术高考生，不信都不行。

儿子就在旁边，听得清楚。事后，我们达成了共识，暂时不学美术了，目标定在华师一附中的理科班。

中考结束，就要正式填写志愿表了。选高中跟选大学不一样，每一档只能报一所学校，一旦有失误，就掉到下一档了。华师一附中和武钢三中都是一档，二选一。虽然华师一附中的录取线要高，但儿子完全有信心。

就在落笔的最后关头，儿子却做出了自己的选择——填写武钢三中。他说，华师一附中的综合实力确实在武钢三中之上，但是，单就理科而言，武钢三中并不差，甚至在某些方面还有优势。

听完他的解释，我非常吃惊：真没有想到，他会有这样的见地！

我当然不会阻止他。他站在十字路口，能有如此清晰的思路，做出自己的选择。这可能不是每一个孩子都具备的吧。

我真的感到欣慰，并暗叹，儿子真的长大了，比我想象的要快得多。

竞赛班

后来我才知道，儿子其实对武钢三中并不陌生，不仅仅是此高中就在他们初中斜对面，时常可以到高中食堂混混饭吃（初中没有食堂），更主要的是，高中数学老师每周都会来到初中理科实验班，给他们上一课。

这种无缝对接无私奉献的背后给出了一个显著的信号：重点高中对优秀生源的争夺已经白热化了。武钢三中显然是想把实验初中实验班的学生一网打尽，天时地利人和占全，岂有不打之理？

当然，最终也不可能统吃，还是有一部分学生外流，到了华师一附中、外校、二中等学校。光从录取分数线来看，这几所学校都要高于武钢三中，人往高处走，水往低处流嘛，顺其自然了。

但武钢三中也不示弱，响当当的省重点，面向全省振臂一呼，优秀生源蜂拥而至。然后，校方紧锣密鼓，就在赤日炎炎的暑期，通过挑选，电话通知了全省 180 名学生到校集训。

儿子也接到了电话。当初，我还以为是搞军训呢，儿子去了学校，回来告诉我说，是上数学课。课时安排非常紧，从早到晚，马不停蹄，先是老师讲课，后是学生做题，再往后，就是考试。学几天，考一次，就淘汰一批；再学几天，又考一次，淘汰一批……最后，剩下 60 名，被纳入竞赛班成员。

那段时间，儿子每天热得气都喘不上来，一进家门，我就打趣地问："淘汰没有？"

他有气无力地回答："还没。"好像是一件悲催的事一直摆脱不掉。

儿子一直没有摆脱集训，坚持到了最后，进入了竞赛班。

对于高中的竞赛，我和老婆都没有多少了解，印象中是高大上的果子，儿子一下摘到了，我们有些不知所措。不过，没关系，老婆有办法，去找上一届竞赛班的家长打听。

有经验的家长一听，就笑了，说："这还用问吗？当然是参加竞赛班了。竞赛班就是最好的班，你如果感觉压力太大，随时可以退出，其他的班级由你挑。还有呀，你如果只想考武大、华科，上个普通班就行了；但是，你如果想考北大、清华，就必须参加竞赛，在湖北，你想裸考北大、清华，比登天还难。"

一席话让我们茅塞顿开，有退路，无风险，怕什么？儿子，上！

就这样，儿子进入了竞赛班。下一步，就是选择竞赛科目。60个学生，基本上被平分到五个竞赛科目：数学、物理、化学、生物、信息。

儿子数学虽然还不错，但要参加竞赛，还是稍显薄弱。所以，他决定选择物理。他喜欢物理，而且成绩一直很拔尖。于是，他在志愿表格里填写了物理。

但这是一次双向选择。通过整体调配，最后，班主任张新泽老师（不是歌星张信哲，是数学老师）给儿子做工作，让儿子调到化学组。

儿子回家跟我们商量。老婆有些犹豫，不知是该让儿子坚持自己，还是听从老师。

这段时间，我已经看出了苗头，高中跟初中又不一样，就像千斤顶又拧紧了一圈，儿子的压力肯定更大了。所以，从那一刻起，我的任务就是给儿子解压。目的明确之后，我就轻松地摆了摆手，说："儿子，这个竞赛呀，咱们也不做什么指望，就是进去玩玩，放松一点。老师让你转化学组，肯定是从大局着眼，全盘考虑。咱们就听老师的，进化学组。"

儿子没有反对，于是，就进了化学组。没多久，他就回来说，化学老师姓田，人可好了，是个80后，跟他们玩得来。

我暗暗松了一口气，打趣说，怎么又是一个田老师？跟素描老师一个姓。看来，你跟田老师有缘。

再往后，越来越出乎意料了。我在解压，儿子却没放松，几次考试成绩显示，他不仅综合成绩在全校名列前茅，化学成绩也在十人组中冲在最前面。

儿子进了北大之后，有位朋友打电话向我咨询，说他孩子报考了武钢三中，怎样才能确保进入一个好的班级。我问他孩子有没有参加暑期集训。他说，学校打过电话给他，通知孩子集训，可他推掉了，因为那时孩子在外面报了个外语班，课还没上完。我只有告诉他，太可惜了，如果孩子参加了集训，主动权就掌握在自己手里。放弃集训，就是放弃了一次机会。

送餐员

高中是初中的升级版。我是指学习压力，特别是竞赛班的学生，压力更是大了 N 倍。

据儿子说，他们不仅要在高一把整个高中的数学、化学课程学完，同时还要进行竞赛训练。这样的双重压力绝不是一加一等于二，正如我常跟马友们说，全马绝不等于两个半马相加。

好在我在儿子上初中的时候，就已经有了减压意识，一到高中，我就更加明确了我的任务，就是为儿子减压，做一名合格的减压员。

减压就从送餐开始吧。高中部有食堂，我还是劝儿子中午到我办公室来吃饭。中间虽有十分钟的路程，但可以免去食堂排队。吃完饭，还可以在我的办公室休息一下，到了时间我就叫醒。权衡利弊，儿子答应了，一来就成了习惯。除非我有事外出，就会提前通知他，中午自己在学校吃。

我给他吃的也不是什么特别餐，就是从我们单位食堂多打了一份。要说特别，就是我偶尔也会给他带一个水果，洗干净了放在碗边。他吃完饭，再来一个餐后水果。

我问他，我们食堂和学校食堂相比，哪个好吃？

他似乎没有注意过，只是应付着说，都差不多吧。

儿子确实不挑食，我给他打什么菜，他都全部吃光。偶尔，他也会给我提意见，说："我已经连续三天吃土豆丝了。"

我就解释说："我们食堂也就那么几种菜，每次挑有看相的打，土豆丝总是被我相中。不过你放心，下面三天你就见不到它了。"

我非常乐意接受他的意见，况且，儿子这点意见合理，根本不叫个事儿。我有个同事（男），他儿子也在武钢三中，和黄岭贝同年级不同班，每天中午也是到单位来吃饭。同事非常能干，每天都是从家里带来饭菜，中午热了给儿子吃，自己再到食堂吃饭。但儿子总是挑肥拣瘦，吃几口就把碗筷扔到一边了。同事非常头疼，在食堂碰到我，总是问，又给儿子打什么好吃的了？我就笑着回答，老三样。

我的笑是发自内心的，我真的很为有这样一个泼辣的儿子而骄傲。有一次，我毫不掩饰地对儿子说："儿子，你知道你最让我骄傲的是什么吗？就是我们给你再多的爱，你都不会惯着自己。这是多少孩子都做不到的，爱多了就溺，爱少了就怨。”

当时，儿子刚吃完饭，正在吃库尔勒香梨，扑哧一笑，差点把汁水喷了出来。他的笑表明他的意外和不在意，他这种淡定更让我欣慰。

光是用食堂饭菜打发儿子，老婆肯定是不答应的。她说，高中学习紧，又要长身体，营养一定要跟上。于是，她就利用倒班在家休息的时间，做好饭菜，晚上给儿子送餐。儿子就能隔三差五地改善一下伙食。

我们单位下午是五点下班，儿子差不多也是在这个时间放学。老婆会在五点开车到楼下，提着一个大袋子来到我的办公室，里面装着我们仨的晚餐。儿子一到，我们就铺开碗筷，一起进餐。

儿子晚餐休息时间比中午要短得多，吃完饭就得往学校赶。老婆有说不完的话，刚开了个头，就见儿子已经起身离开。她一脸的失落，转头盯住我。

“你看我干什么？又不是我赶他走的。”我故意逗她。

她叹口气，说：“唉，你真是幸福呀，每天中午都能跟儿子见面。我好几天才能见他一面，话还说不上两句。”

“知足吧，等他高中毕业，你想见他就不是几天了，起码是几个月。”

我们相视而笑，心底都更加珍惜跟儿子在一起的时间，因为确实是越来越少了。

儿子曾多次说过，不用晚上送饭，让妈妈好好休息。

老婆在手术室工作，有时遇到手术高峰，会通宵达旦。但不管多累，下了夜班，她一定要给儿子做好晚餐送来。

有时候，我出差，办公室没人，老婆就把车停在一个相对安静的地方，让儿子到车里来一起进餐。老婆只要能看到儿子，什么累都抛到脑后了，心里是满满的甜蜜。我完全能够体会，因为我又何尝不是如此？

大约就是在儿子上高中的前后，我们杂志主编董老师退休了，我接任主编。我在这个杂志干了近二十年，当一名编辑，大树底下好乘凉。等当了主编，我就不能单纯躲在办公室了，每天要应付各部门事务。我们这是一个企业杂志，就当一个部门在管理，事无巨细，都要对上。

我不胜其烦，不止一次向老婆诉苦，说不想干了，想辞职。最开始听到这话，老婆是不理解的。因为我的工作和她的相比，不知轻松多少。

话经不住多说。渐渐地，老婆就有些理解我的苦恼了，不是体力，是心力。她虽然心有松动，但还是给我了一个硬指标：等儿子高中毕业吧。

此话最有理，我马上深吸一口气，决定憋个三年。我深知，我能陪伴儿子高中三年，对他重要，对我更重要。我真的不愿放弃每天跟儿子相处的那一小块光阴。

解压员

儿子每天中午到我办公室来吃饭，我就能非常真切地感受到他的情绪。儿子话不多，来到办公室，常常是一副累得喘不过气来的样子，一进门就把水杯放下，静静地吃饭。我就给他杯子里倒满水，凉着，极少问东问西，那样只会增加他的心理压力。如果有什么要交流的，他会主动提起的。所以，我们已经达成了一种默契，等他吃完饭，我就问，几点？这是要叫醒他的时间。等他简短的回答之后，我就拉上窗帘，关了灯，收拾碗筷，轻轻掩上门，去水房洗碗。

叫醒他的时候，我也是轻声，先叫一遍，等一会儿，再叫一遍。他刚刚入睡，要醒来其实很难，于是，我就放了一个时间余量，等他慢慢醒来。一般拖延两分钟，他就会自己爬起来，往外走。我拍拍他的后背，让他更清醒一点，然后，站在门口目送。一切都是那么自然而然，心照不宣，像是在共同度过一段温馨的午间时光，又像是在共同穿越一个没有硝烟的战场。

我如此地小心翼翼，最重要的是因为我极珍视和儿子相处的每一个中午。这不是一道太难的数学题，只用心算就能搞清楚，这样的时光是过一次少一次了。等他上了大学，这样的日子就不会再有了，剩下的只有想念。

至于学习，我从来就没有当作什么了不得的事。我只是对儿子说，学习是你现在要做的事，努力了就好。

有时，我还真担心他背负学习压力，看不到头，感到绝望，就有意地跟他谈高考之后的打算。我很明确地告诉他，高考只是一座山头，高中所有的学习都是在爬这座山，等翻过这座山，还有更多的选择等待着，那时就天高任鸟飞了。儿子对这个话题还是有兴趣的，常常会主动跟我说很多。

空谈无用，还得面对现实。现实是，学习压力之大谁也无法否认，谁也无法逃避。儿子向来比较坚强，能扛。可是，有一次，他来到办公室，不端饭碗，直接往沙发上一躺，说："不行了，受不了了！每个老师都说我布置的作业不多吧，他们也不想想那是几分之一。"

我知道这一回他是真的扛不住了，就坚定地跟他站在一起，表明态度："那些乱七八糟的作业，做多少算多少，不一定要全做完。"

他斜了我一眼，没有回话。他大概没料到我会是这样的态度。

我进一步明确立场，说："要不，我来打电话跟你们老师说说？"

他翻身坐了起来，冲着我呵呵一下，然后，吃饭去了。

我故意追问："需要我出面吗？"

他摆摆手，说："你就别去丢人现眼了。"

看来，他只是需要一个宣泄的出口，只是需要看到我的态度就够了。

就是那天中午，我一不注意，还是现了眼。儿子睡觉起来，下楼走了。我忽然想起羽毛球拍线断了，就利用中午的时间去穿线。我背着球拍来到大街上，正好赶上儿子。他在那边，我在这边，隔着几十米。我挥舞着手高喊："黄岭贝，黄岭贝！"

他正跟几个同学一起走，听到喊声，朝我不停地摆手。

他听见了也看见了，我就心满意足地走了。

谁知第二天中午，儿子一进办公室就说："老爸，你能不能稳重些，在大街上大喊大叫，把我们同学都吓着了。"

他貌似认真地说，我也貌似认真地听。我内心却有另一个声音：我就是要故意逗你玩呢，不管你怎么在意同学的情绪，在意自己的面子，但你总还是感受到了我的热情吧，感受到了我是多么在乎你吧？这就够了，我就是要用行动告诉你，生活除了彼此在乎，没有那么多认真那么多规矩。

我在乎的点，确实跟老婆有许多不同。老婆对儿子的照顾是细心的，对他学习的关注也是入微的。儿子的大考小考她都知道，而且，一考完，就问儿子试卷什么时候发下来，每门考分是多少，在班上排名是多少，在学校又排在第几……

别说儿子，我听了都头皮发麻。但我又不便阻止，毕竟，老婆有老婆的方法，而且，我一旦出面阻止，肯定会和老婆有一场交锋，那样，更会影响儿子的情绪。于是，各行其是。

我是从来不直接打听儿子的考试情况的，尽管儿子每天中午都跟我在一起，我有得天独厚的优势。有时，我回家之后，老婆就会向我打听儿子的考试情况，我一律说不知道。老婆就会笑话我，她知道我是假超脱，其实我心底里也很关注儿子的考试情况，常常是从她嘴里打听。

是呀，哪有不关注的呢？只是不想给儿子再增加压力罢了。

儿子后来住校，每个周六晚上回家，周日晚上返校。周六晚上一回家，儿子就喜欢坐到电视机前，拿着遥控搜一部电影看看。

这时，我就会主动凑过去，和他一起坐在沙发上观看，还一起跟着电影中的情景傻乐。我觉得这样挺好。儿子在学校经历了一周水泥板块似的生活，回家放松一下，我跟他坐在一起就是最好的支持。

老婆却不这样想，她总是指着墙上的钟说："都几点了，还不洗了睡？再不动我就砸电视了……"

我和儿子相对做个鬼脸。最高指示不能违抗，我们就商量谁先去洗。儿子说："你先洗。"我欣然同意，并说："我洗完你就跟上来。"儿子自然也同意。

如此，皆大欢喜。

和谐的气氛造就愉快的心情，心无烦躁，才是最好的解压。我也在努力，摸索着做好一名解压员。

陪练员

学习是脑力活儿，其实也是体力活儿。儿子身体虽不算弱，但也不壮实。他每次生病，我都揪心，真想等他病好了，就拉他搞一些运动。可是，学习已经占据了他所有的时间，连喘气的工夫都没有，哪还有空搞什么运动？

话分两说，事在人为。就在儿子上初中的时候，老婆加入了他们班级的家长群，在群里熟悉了一段时间之后，找到几个意向相近的家长一商量，组建了一个周末羽毛球群。

周末也照常上晚自习，八点结束。之后，几个同学就背着书包来到学校附近的羽毛球馆。这时，家长们已经定好了场地，只等他们来挥拍。

家长也不都来，来得最勤的除了我和老婆，还有李泽迪的父母。之前，我们把孩子们的球和球拍准备好，当好服务员；中间，我们还可以跟他们一起打，当好陪练员；结束，我们再叮嘱孩子们各回各家，没有家长来接的，老婆还会开车送，当好收尾员。

我们的目的只有一个，让孩子们玩开心。他们确实也挺开心的，在学校关了一个星期，来到球场，除了打球，还有说不完的话。他们在球场上会互相挤对，到了场边又会边聊边笑成一团。他们说的话都像暗号，我们家长破译不了，只有在圈子外边看着。看着，也是好的。

不常来的家长，偶尔来一次，都是用金钱补偿——买来整箱饮料，这正是运动场上用得着的。他们还一脸感激地说我们辛苦了。

呵呵，他们哪里知道，我们给孩子们当陪练员，乐在其中，一点都不觉得辛苦。且不说老婆乐乐呵呵心甘情愿地跑前跑后张罗场地接送孩子，就我个人而言，也是很享受跟孩子们近距离接触的那种感觉。他们性格各异，但都很有教养。这些各学科的超级学霸，球场上也表现出不同的气质，有的爱笑，有的较真，有的善于自我检讨……

当然，里面也不乏羽毛球高手。刘天锋就极有运动天赋，以前也专门练过，一招一式非常漂亮。

就算从来没有练过的，也不白给，上了场个个虎虎生风，拼抢起来满地打滚。

儿子曾经在暑假跟教练学过几次课，大概早就还给老师了，凭着记忆，还能有些怪招，不过出手力量是足够的，尤其是反手发力，无师自通。

我以前总有个先入为主的印象，觉得这些实验班的孩子家庭教养好，学习压力大，应该都是病猫型的吧。当了他们的陪练，我真不敢小瞧他们了——他们的球技也许不如我，但在每一次配合或者对攻时，我能明显地感受到他们身上散发出的气息，充满灵性，且蕴含着超强的爆发力，就像即将引爆火药的导火索。

他们身上真的有使不完的劲，每次打到十点多钟，还不肯收场。整个球场就剩下我们了，看场子的不愿意了，过来催促，才说打完这一局就收。

东北有句话，傻小子睡凉炕，全凭火力壮。武汉有句话，丢到水里直哧。都是形容年轻力壮火气旺，说的正是他们吧。

感受的远远不止这一点点气息。家长们对孩子的生活总是好奇的，所以，孩子们在场边歇气喝水聊天的时候，我们都会有意无意地凑近一点，若无其事地偷听。其实，他们也不太避讳，在场的每一个家长似乎都是开明人士。

这样，没有太大难度，我们就发现了两大秘密。

A 君正在跟同校另一个班上的某女生热恋，两人相约周末下了晚自习，在校门外的第三根电线杆下见面，可女生没到，A 君只好跟着正规军到了羽毛球馆。到了球馆，A 君心神不宁，犹豫片刻，马上又返回学校去找女生。不巧的是，他刚走，女生就进来了。学生之间都认识，一交流，女生就有些着急。这时，儿子的傻劲上来了，一边让女生耐心等，一边跑出球馆，不知追了多远，把 A 君找了回来。

有一次，也是周末打完球，老婆开车，我们一起送 A 君回家。老婆问 A 君：“恋爱是什么感觉呀？”

A 君和儿子坐在后排，我还以为他会羞于回答这个问题。谁知他的声音很平稳，说："以前吧，有烦恼，睡一觉，早上起床就好了。现在不行，烦恼总在。"

一席话，全车人大笑。好像说的不是烦恼，而是一件极开心的事。

B君喜欢上了球馆里的一个高个子女生。那女生不是打球，是练球，一个教练带几个人的那种。B君说女生以前是他同学，现在另外一所中学。于是，伙伴们都鼓励他追。

B 君下了大力气，花了 800 多块钱，买了一个小盒子，在女生生日那天送给她。

我们家长都很好奇盒子里装的是什么，又不好当面打听。等回家以后，问儿子，儿子只是随口说了一句，是手办。我没听懂。老婆比我潮流一点，解释说，是一种游戏玩具，就像芭比娃娃，很贵的。我暗暗吐舌头。

不幸的是，B 君没有成功。女生不久就没有来球场了，不是躲避，而是出国了。

小伙伴们围成一团，深表可惜，一致认为：早知如此，还不如拿 800 块钱请大家撮一顿呢！

轰地一下，全体爆笑，我们这些偷听的家长也卷了进去。

如此看来，恋爱不管成与不成，结局都是一笑。

关于恋爱这事儿，要挡是挡不住的。我早就想通了，与其打压，不如疏通。早在儿子上初中的时候，我就很轻松地对儿子说："有没有喜欢的女生呀？可以带到家里来玩嘛。"儿子总是摆摆手，说："不要八卦，好不好？"

因为恋爱这事我们是摊开说的，所以，我基本可以摸清儿子没有恋爱。不过，这不代表没有要好的女生。

高二的时候，儿子在一次关键的化学竞赛中稍有失手，情绪低落。周末回家，我本想好好安慰一下他，他却说约了同学，要出门。我还要追问，被老婆用眼神制止了。

儿子出了门，老婆才告诉我，说是班上一个女生单独请儿子吃饭，表示安慰。

这确实挺感人的。儿子吃完饭回家，心情就好多了。

我让儿子找个时间回请女生。儿子说请来请去，你就不怕耽误时间?

我知道儿子有主见，就不再掺和。后来，那女生过生日，儿子买了一盒精美的巧克力送给她了。

老婆见了大笑，指着我说：“真是有其父必有其子，每次我过生日，你除了巧克力还是巧克力，想要你一朵花就那么难吗？”

进入高三之后，羽毛球群一度差点解散。家长们都认为学习紧，进了高三，就是和高考面对面了，哪还有心思打球？老婆却不肯放弃，在家长群里游说：“正因为学习紧，才有必要给孩子们解压。一周也就一次，还是在下了晚自习之后，那个时间点直接回家，也就是看看电视。总之，根本不会耽误时间。”

老婆一席话救活了羽毛球群，孩子们又继续打球，我们继续当陪练，一直持续到高三上半学期结束。

到了下半学期，老婆主动提出停止群活动，理由照样充分：打羽毛球容易受伤。最后半学期一定要保护好孩子们的身体，全力以赴冲高考。

于是，陪练生涯到此结束。回想起来，这真的是一件幸运的事，从小到大，也就是因为当了一回陪练，才有机会跟儿子的同学们如此近距离地接触。这个年龄段的孩子其实都像透明人，走近了就能清晰地看到他们的想法，理解他们的举止。在挥汗如雨、谈笑风生的瞬间，我能感受到他们每一个毛孔里散发出来的气息，我享受着和他们在一起的时光，心底充满了爱意和敬意。

我没有丝毫的居高临下，唯恐被他们嫌弃。

马拉松

一名竞赛生的压力，远远要大于普通高考生。一进入高中，他们就要赶课程。儿子在高一就把高中化学全部上完，然后，又把大学教程也轰了一遍，让我目瞪口呆。至于还上了些什么教程，我不知道，也不敢打听。

除此以外，还有大量的精力要用在化学实验上。儿子曾在湖北大学和武汉大学分别做过几周的化学实验。

到了暑假，就是化学训练营了。高一暑假，儿子到了杭州。我不过问他的集训，倒是劝他找小雨哥哥玩一下。小雨是我姐的儿子，在杭州上了大学，就留下工作了。那时，小雨还是单身，家人都为他的恋爱担心，儿子是第一个见到哥哥女朋友的人。

高二暑假的化学训练营就在武汉。天热得气都喘不过来，儿子往返跑，每次进门，嘴巴都是大张着的。

说实话，我不敢过问儿子的心情。我单单作为一个旁观者，神经都快受不了了。

我是 2012 年接触马拉松的，胡折腾了几年，直到 2015 年 3 月，才在郑州完成了第一个全马。我清楚地记得，在看到终点的那一刻，我浑身血液倒流，眼泪夺眶而出——这一刻，对我意义非凡。

老婆最初对跑步是咬牙切齿深恶痛绝的，也许是我的独自坚持，再加上细心引导，2014 年之后，她也慢慢开始跑步了，但还没有踏上过马拉松赛场。

2015 年 4 月 16 日陕西杨凌举办马拉松，我们几个马友准备一起报名。为了让老婆能亲身感受到跑马的气氛，我劝她也一起报名，跟着去玩一趟也是好的。她欣然同意，报了个迷你马拉松。

进展如此顺利，我不禁有些膨胀。赛事将近，我也激动起来，不是为参赛，而是为自己一个大胆的想法：我想带儿子一起去，让他从铁板一块的学习中抬起头，透个气。也想让他上场跑一跑，也许他能感受到马拉松的真谛，那么，我相信他对学习的压力将会有全新的认识。

此时，儿子的化学竞赛已经进入最后冲刺阶段，我把这话放出去，会不会把老婆惹火？

事实大大出乎意料，老婆竟然同意，而且特派我去给儿子发邀请。

儿子再到我办公室来吃饭，我就把跑陕西杨凌马拉松的事说了，怕他担心时间不够，就补充说，咱们周六出发，周日跑，跑完就返，周一就能回来了。

儿子眼睛亮了一下，马上又皱眉说：“好是好，可是，周一还有一个摸底考试呢。”

“哎呀，不是总在摸底的吗？这个底就不用摸了。”我劝说，“你如果难以开口向老师请假，我去请，怎么样？”

“不怎么样！”他怪笑，“我自己的事，还是自己搞定吧。”

“好，你搞不定，我再上。”

我最后一句话完全多余。第二天中午，儿子再到我办公室，就说老师已经答应了。他表情淡定，似乎没有遇到任何阻力。

我松了口气。然后，找儿子要了老师的电话，打过去，说了些感谢的话。发自内心，必须感谢！真庆幸儿子有这样的老师，跟我在一个频道上。

然后，我们一家三口和马友们一起站在了杨凌马拉松的起跑点上。热身的时候，一位80多岁的老男孩非常热情地教我们摆臂的窍门，我们都认真地跟他学了一下，感觉温暖开心。

我本来是想带着儿子一起跑的，可是，人太多，一出发就被冲散了。等跑出一段距离，人渐渐分散了，我给儿子打电话，才知道徐明带着他。徐明是我核心的马友，儿子小学奥数都是他带的，这回再带着跑步，我放心。

天气预报说最高气温 26 摄氏度，但一大早太阳就亮得刺眼，赛道上几乎没有树阴，路面晒得晃眼，阳光直射温度早就超过了 30 摄氏度。儿子从来没有练习过跑步，一抬脚就遇到这样的热辣天气，绝对是个极大的挑战。我在心底盘算：他能完成十公里，也是极好的；如果他咬咬牙，也许能完成半马呢，呵呵，就看这小子的毅力了……

我跑到32公里，电话响了，是儿子打来的。我连忙接通，问他到哪里了。他说已经过了30公里。那一瞬间，我的眼泪又不争气地冲了出来。我能真切地感受到心底是满满的赞赏——赞赏竟然也会放出眼泪？

“老爸，我腿疼，实在受不了了……”

“不要再跑了，赶紧上收容车，赶紧……”

这次马拉松收获明显：我们的脖颈全部晒红，一碰就疼。没过几天，就蜕了一层皮。

不过，我们都没有一丝抱怨，倒是当作笑话，找到了谈资和乐趣。

谈笑之余，我相信儿子已经得到了他该得到的。事实证明，这次马拉松影响了他之后的生活。

从那以后，儿子开始抽空跑步了，绕着学校操场，四公里、五公里不等。一个从来不跑步的人，渐渐地把跑步当作了一种习惯。

就在儿子高考之后的8月26日，我们一家三口又一次同时参加了哈尔滨马拉松。我四年大学是在哈尔滨度过的，这次有部分同学从全国各地汇集在一起，看着彼此的白发，我感慨说：25年过去，儿子正是我当年的模样了。换句话说，我第一次来到哈尔滨，正是儿子现在的这个年龄。

有了跑步的习惯之后，儿子的运动全面展开。有一次，他一进我办公室，就趴在地上，呼哧呼哧地做俯卧撑，一气做了四十多个。我惊得睁大眼睛：因为以前在家里，我教他做俯卧撑，他连一个标准的都做不起来。

做完俯卧撑，他又躺到沙发上，做仰卧起坐。我在一旁数数，都七十多了，他还在做。我受不了了，说："好了好了，别把我沙发搞坏了。"其实，我心底美滋滋的。

我真的松了口气。一直以来，我就担心儿子的身体，学习的重压无法逃避，可是，整天病猫似的，怎么行呢？这种矛盾搁在我心里，一度我认为无法解决了。现在好了，学习再紧，总要吃饭吧，总要睡觉吧——再加一句，总要锻炼身体吧！

写小说

进入高中，总的感觉是，学习把整个时空占据，铁板一块。儿子却有反常举动，有时下了晚自习，回到家已经是九点多钟了，他不进自己房间，而是直接去打开我的电脑。

我想，他也许是想玩玩游戏，轻松一下，这也是一种解压方式吧。一开始，我没太在意。过了些时，我凑过去看，才发现他根本不是在玩游戏，而是在打字。

我问，这是老师布置的作业？

他摇头，说自己想写点东西。

啊，是写作呀，要不要跟我聊聊？我很想把自己当作导师，谁知他根本不买账，推开我，让我一边凉快去，等写完了再给我看。

人家写小说是为了解压，我当然不能再添烦，就一边凉快去了。

儿子每次写的时间也不长，大约也就写个几百字吧。过了些日子，第一篇小说完工了，这时，他才肯让丑媳妇见公婆。

我第一眼见“媳妇”，就被惊艳了：不丑，漂亮极了。《回忆收集者》，九千多字，语言无可挑剔，构架、故事都相当纯熟。无师自通啊！

我也是个无师的人，靠自己摸索走上了写作的路，最清楚要驾驭一篇小说是多么难，特别是在最初的时候。如此看来，儿子在写作上的天赋远远超出了我。

惊喜之余，我也得杀杀他的威风，就勉强提出了一条意见：这故事如果再奇绝一点，就更好了。当然，这一篇也不用改，下一篇注意就是了。

对于我的说三道四，儿子也就听听而已，表情平静。本来嘛，人家写作也不是为了给你看，你看就看吧，还说。

我是个知趣的人，不再打搅儿子，自己暗暗盘算：虽然儿子写作只是为了给自己解压，但这样一篇好稿子，不投出去也可惜。

正好，我也写了一个短篇，就连同儿子这篇一起投给了一位编辑朋友。这位编辑真够朋友，在 QQ 里留言，直接把我的小说给毙了，看中了儿子的小说，而且决定配照片和创作谈发表。

儿子再到我办公室来，我把 QQ 留言打开给他看。他看完之后，哈哈大笑。我问他笑什么？他说：“如果你帮我推荐稿子，发表了，我会觉得是你的面子，没意思。但是，你的稿子没通过，就证明我不是靠你的面子。”

我懂，这小子还挺有骨气的。

后来，他又断断续续地写作，完成了三篇小说，都在不同的刊物上发表了。我觉得这样挺好，既解了压，又受到了鼓励，一定是高中生活中一段美好的记忆。

可事情没有我想得那么简单。儿子启动了写作程序，就有了新的想法，一发而不可收。

有一天，他来我办公室吃完饭，并不睡觉，而是非常正经地跟我谈，说他以后想搞写作。

我当时一点思想准备都没有，脑袋还停留在原地，脱口就问，你不是一直想画画吗？

“写作和画画也不矛盾吧。”他显然已经考虑过这个问题了。

儿子一向稳重，说出这样的话，我自然也高兴，就劝他先全力以赴搞竞赛冲高考，之后，海阔天空，再去写作、画画不迟。

儿子也欣然同意。这事就搁一边了。

后来，儿子进入北京大学，学的是化学的一个分支。我觉得挺好，鼓励他好好学。谁知第一学期快结束的时候，他就直接提出不喜欢这个专业，想转到中文系。

我是一个半路出家搞写作的人，深知这条路的艰难，就跟他分析种种，告诉他，其实做一个业余写作者是一种稳妥的选择。

最后，他一句话打动了我：“北大只是我的目标，写作才是我的梦想。”

梦想多么可贵呀！我还能说什么？转吧，老爸支持你！

转系也并非一件易事。儿子通过自己的努力，终于在大二开学之际，成功转入北大中文系。

以后的路还长，变数还多。我祝儿子不放弃梦想，走自己无悔的路。

签约北大

化学竞赛在 2015 年 9 月进入最后对决，一直到 10 月才尘埃落定。那时，儿子刚刚升入高三。所以，之前的暑假基本没有休息，处于一级战备状态。

与此同时，更爆炸的消息传来——北京大学招生办的老师已经空降武汉，正在各大高中掐尖选苗签约，武钢三中当然也是其中一站。

我其实不太明白，经老婆点拨才知道，原来，所有的竞赛生等待的就是这一刻。我突然觉得有点悲壮，有点悲凉。我问老婆，儿子怎么样？老婆摇了摇头，她也是道听途说，这段时间她连田老师的面都没见过，上哪儿知道这方面的事呢？

我点了点头说，好吧，等儿子熬过这段时间，竞赛结束之后，就好好复习，总归是能够考一个像样的大学，不愁。

后面的事情来得很突然。那天，儿子在进行一场重要的化学竞赛，老婆正好休息，就跑到我办公室来一起等待。我们准备好了，请儿子到餐馆吃饭。正常情况应该是中午 12 点儿子就能到我办公室，可一直等到一点半，才看见他进来，热气腾腾，脸色难看。

我们二话不说，拉他到旁边一家餐馆，凉快下来才问他怎么搞得这么晚。他说北大老师来了，面试。我们当然追问结果。他说，也没什么，就是签了一个约。直到这时，他才掏出一张纸给我们看。

协议里面的条条款款挺多的，稍不注意，就出局，等于白签。不过，有一点还是挺诱人的，只要达到要求，可以加 60 分。这可不是个小数字，北大愿意这样不惜降分网罗人才，可见儿子不是等闲之辈呀。一瞬间，我对儿子刮目相看了。

我们要以茶代酒为儿子祝贺，可儿子还是高兴不起来。他说今天的竞赛出现了失误，最后一道十五分的题，明明会做，一时脑残，做错了方向。

我连忙安慰他，说不要紧，也不是一锤定音，后面不是还有好几轮吗？

他摇摇头，说，老大，这可都是顶级高手，巅峰对决，容不得半点闪失。

老婆出面劝解，说，今天不是还有喜事吗？和北大签约了，就冲着北大去吧。

话虽这样说，可不知儿子心里怎么想。但愿他能放松一点，起码是一比一，相互抵消。

儿子有没有抵消，我不知道。老婆接下来不淡定了，给田老师打电话，问北大签约的事情。不问不知道，一问吓一跳。

田老师说，整个化学竞赛组，只签了黄岭贝一个。北大的朱怀球老师当时征求了他的意见，他觉得黄岭贝综合成绩优秀，化学竞赛发挥稳定，为确保这个约不落空，他就推荐了黄岭贝。

老婆把这番话转述给我听，我连竖大拇指，夸儿子厉害，实在佩服。老婆白了我一眼，说，你懂个啥？

原来，这段时间老婆跟化学竞赛组的一些家长聊过天，据他们说，暗地里为争这个签约名额，已经白热化了，有家长想出 20 万搞定，田老师没答应。

我吃了一惊，佩服之情调转方向，直指田老师。说实话，到目前为止，我连田老师的面都没见过，老婆也极少找老师，只是偶尔打个电话而已。在这样疏远的情况下，田老师完全是秉持教师的职业操守，不受诱惑，不为私利，着实可敬！

敬意在心，我自己却闹了个笑话。

我一直不太参与儿子的校内事务，家长会之类基本都是老婆包了。有一次，学校要登记儿子的详细资料，为高考用。老婆正好上班，脱不开身，就让我去办。我单位离儿子学校近，中途出来也方便。

可是，我一进校园，就找不着北。正是上课时间，我转悠半天，才看见一个戴眼镜的年轻男子，连忙迎上去问："请问张新泽老师（儿子的班主任）的办公室在哪里？"

男子指着一座楼详细告诉我位置，之后，又扶了一下黑框眼镜，盯着我问："你是谁？"

“黄岭贝的爸爸。”

“噢，你好！”他扬起手，像很熟的样子。

我也连忙伸手回应了一下，然后，各奔东西。

中午，儿子到我办公室来吃饭，我提起上午的事，说碰到了如此一个人，好奇怪呀。

儿子问我，他长什么样？

我大致描述了一下。

儿子一拍大腿，说：“老大，他就是我们田老师。”

我一拍自己的额头，这笑话闹大了：可敬的田老师，相见不相识。

当个好助手

儿子的化学竞赛最后还是获得了一等奖，但由于一次失误，果不出他所料，就失去了继续向前的机会。好在已经达到了北京大学的条款，剩下就要全力以赴准备高考了。

化学竞赛结束之前，儿子大部分精力都投入到化学学习上，实际没有进入高考轨道。回归高考轨道之后，第一次考试就给儿子来了个下马威——成绩掉落到全校八十多名。这时，已经是高三上学期过半了。

儿子的焦虑，我和老婆当然一眼就能看到。我们仨坐下来开了个分析会，主要是安慰儿子。老婆说，经过这么久的化学竞赛，综合成绩掉落是非常正常的，下面还有时间，一步一步追，就像跑马，后半程是最难的，要咬牙坚持。老婆还说，儿子是逢考必病，这次考试之前，儿子又发烧了。争取高考的时候不发烧，就是胜利。

经这么一分析，一调侃，气氛就轻松多了。

我趁机补充我的观点，很认真地对儿子说，不要给自己心里加压，注意力集中就行了。高考不过就是你要完成的一件事，尽力而为，拼力一搏，不留遗憾。至于考北大、武大还是湖大，都不重要。人生的路那么长，你只要认准自己的目标，通过持续的努力去实现，这才是真正重要的。

老婆其实不满意我的说法，但为了不让儿子起波澜，我们没有争执。事后，我们又达成了共识：接下来的时间，我们要给儿子当个好助手，确保他能全神贯注地投入高考复习。

当助手，分工也很明确。老婆负责烹饪营养餐，换洗衣物，开车接送……剩下的已经不多了，归我。

其实，儿子在小学阶段，家务事已经做得很好了，简单说，超过我。可是，进入中学之后，时间都被学习填满，每次回到家，累得像只狗，谁还忍心让他动手动脚呢？老婆都是把儿子当少爷一样侍候着，我偶尔想支使一下儿子，都会遭到老婆斥责。

之前，我也不是没有给儿子当过助手，思来想去，起码有一件事我是坚持在做。儿子一直爱看书，我就不定期搜集我们仨想看的书目，到一定数量，统一在当当网购买。每次收到一大包书，我们就像过节一样，欢天喜地地拆封、分享。

上高中之后，儿子买书的数量明显减少，直至于无。不过，我买回家的书，他还是会翻一翻。

有一天中午，他到我办公室吃饭，进门就说："老爸，帮我买两本书。”

我一惊，还没有来得及提问，他就塞给我一张纸条。我展开一看：呵呵，我想多了，还以为他想看什么文学书呢，原来是两本化学书。

化学书对儿子来说，是硬通货，不能含糊。我马上下单。书到之后，我翻开一看，全傻眼：一本是纯英文的，一本是大学教程。

我先举着英文书，问：“这个，你看得懂吗？”

他一笑，说：“给我，剩下的你就不用操心了。”

想想也是，儿子在学习方面几乎没让我操过心，尤其是化学，人家已经是专业水平，我作为曾经的理工男，也只能望其项背。

我又翻开大学教程，满目都是苯环，就故意逗他说：“你们学的是金刚钻呀！”

“你又装弱智。”他笑了，很放松，正是我想看到的。

可大多时间没法放松。高考进入倒计时，学校的安排本来就够紧的了，好比铁桶一个，儿子却另外还给自己列了一个时间表。时间表就贴在他寝室的书桌前，我无意中看到的。看到了，心就被扎痛了。

我对儿子说：“你有任何用得着我的，只管说！”我用力拍着胸脯，想把心痛赶走。

接下来，我果然派上了大用场。北大自主招生要通过网络申请，那是一项非常细致繁琐的工作。如果这项工作让儿子亲手做，那么，这段时间他就不用学习了。所以，责无旁贷，我全包了。

什么证书、资料，我都帮他填好，等他中午过来，我就让他在电脑上看一遍，没问题就算通过了。

其中有一栏，要填写报考北大的理由。光这一项，就得做一篇文章。儿子喘气都得按秒计，哪有时间搞这个。于是，我说，我写，你审。

我林林总总写了几大段，其中有一段的大致意思是：因为我爱写作，所以希望能进入北京大学，近距离接触曹文轩、格非……

儿子中午过来，一边端着碗吃饭，一边审读，对整体行文没有异议，只是平静地提出：格非好像不是北大的吧？我记得是清华的。

我马上百度，没错，是清华的。我暗吃一惊，不是因为自己马虎，而是因为儿子竟然能知道这些。我一直以为他学习紧，根本没有时间看闲书了。看来，我错了。他一定在挤时间看，至于看了多少，我不得而知。

有一件事我记忆深刻。那是高考进入倒计时阶段了，一个周日的晚上，老婆开车送儿子返校，顺便帮儿子换被单被套。我也跟去了。

老婆在换被单时，我插不上手，就闲在一边。寝室有两张高低床，都靠着一面墙，上下铺四个床位，住了三个人，有一个上铺空着，成了他们放书的位置。三人都是竞赛班的，儿子搞化学，另两个分别搞物理和信息。

上铺正好三摞书，我走近细看，一摞全是物理书，一摞全是信息书，最后一摞是化学书，里面夹着两个异类——一本是《百年孤独》，另一本是《中国人史纲》（上册）。我的第一感觉是惊艳，真的，我深深地为儿子感到骄傲。他们心里的压力一定不亚于这高高的一摞书，但儿子没有让自己的日子成为铁板一块，他用这两本不同的书给自己挖出一个喘息的洞孔，通过这个洞孔，他一定看到了不同的世界。

当助手也不是一帆风顺。网络申请有期限，在接近截止日期的时候，我的填写工作也接近尾声，只剩下资料扫描上传。扫描得到外面打印店完成，附近只有一个。忙完手头工作，我就直奔打印店，一到那里就傻掉了。平时冷冷清清的小店面现在挤满了人，都是帮孩子搞自主招生的家长。我等了一会儿，看来不是一下的事，再等下去，就耽误打饭了。吃饭事大，撤。

中午，儿子来吃饭，问我上传没有。我说还没有扫描。他一听就急了，埋怨说再拖下去就耽误事了。我也一肚子火，直接还击："我又没有三头六臂，这种事我也是第一次做，不都是摸索着来吗？你也不用着急，肯定误不了事。"

天热，又怕影响儿子情绪，我还是很快控制住了情绪，跟儿子说明了原因。儿子听了没有说什么。

送走儿子，我不敢怠慢，顶着毒日头，又来到打印店。这时，店里的人少多了，我把资料扫描完毕，拷贝回来，上传至网络。到此，申请工作告一段落，等待审核。

第二天中午，儿子来吃饭，我等他吃完，就拿着碗准备出去洗。他喊了我一声，我回过头来。他说："昨天的事，真的对不起！"

"有气只管冲我来，我扛得住。"我逗他。

他一笑，心放下了。

接下来的等待就是煎熬，我每天都要登录网页查看进程，不止一次。儿子当然也挂记着，中午到我这里，就会上网查看。后来，结果终于出来，审核通过。我们都长长出了一口气。

接下来，儿子就可以简简单单心无牵挂地冲刺高考了。

高考一战

高考是6月7、8日两天。就在之前，朋友让我到深圳搞两场讲座，时间与高考时间重合。

我有些犹豫，来跟儿子商量。儿子很淡定，说：“你讲你的，我考我的，有什么问题吗？”

没问题了，我放下心来。于是，就在儿子走进考场的时候，我踏上了开往深圳的高铁；就在儿子埋头答题的时候，我坐在深圳某学校讲台上，指手画脚唾沫横飞；就在儿子考完最后一门走出考场的时候，我也讲完了最后一场，在雷鸣般的掌声中走出了会场……

我赶回家，已经是夜晚十一点了。儿子没在家，说是和同学嗨皮去了，第二天还要估分，就还住在学校。我迫不及待地打听儿子的情况，于是，老婆细细讲来。

这两天，是老婆全程陪伴，我把办公室的钥匙也给了她。儿子的考场就在他们本校，这样，我的办公室就可作休息室。

之前，儿子是很不愿意家长尾随的，就在他去武大做化学实验的时候，我们送他到实验楼下，问用不用等他？他很坚决地挥手，让我们快离开，好像迟一步就会影响他做实验。这一次完全不同了，老婆说，儿子特别依赖她，进考场之前，儿子就把资料递给她，然后，道别。出考场时，他们俩会相互击掌，表示又越过了一个坎。她叮嘱儿子，放心去考，她就在附近，一个电话，两分钟之内就能到位。

关注儿子高考的不光是老婆，而是整个家族。第一天考试，中午，三姨妈就买了奶茶跑到我办公楼下。老婆接到电话，劝三姨妈不要上来，因为儿子正在午睡。另外，奶茶也不能乱喝，万一坏了肚子怎么办？三姨妈这才知道自己来得不是时候，买的东西不合适，只得转身离去。

大姨妈没有跑来，而是在家里做了几道菜，让表哥开车送来。儿子下午考完，来到办公室，就吃到了一顿美味的晚餐。

听老婆讲述着，我觉得儿子真幸福，亲情环绕，温情满怀，这又何尝不是他战斗的动力呢？

但这场战斗不是一帆风顺，第二天一早，儿子就给妈妈打电话了，说他失眠了。

老婆紧张得心都快跳出来了，马上问他，是几点睡着的，几点醒来的？儿子说，十二点多睡的，五点不到就醒了。老婆听完，定了定神，用专业知识解释，说一个人在应急状态下，睡这几个小时，就足够了，不会有任何影响。

儿子听了，才稍稍心安。

上午考完理科综合，中午到办公室吃饭，儿子脸色不太好。吃完饭在沙发上躺着，翻来覆去，一个小时也没睡着。

老婆就问，想什么呢?

儿子说，上午有一道物理题，当时有些糊涂，现在越想越明白，应该是会做的。

老婆安慰说，过去的就不要再想了，下午多考个几分，就找回来了嘛。

这个道理儿子早就明白，考试要学会甩包袱，考完一门就甩掉一门，轻装前进。但是，说来容易，要做到其实不易。

好在儿子挺过来了，而且，他不是一个人在战斗。他妈妈和亲人都是他的后盾，除了我这个甩手老爸。

我敢甩手，是因为我对儿子有极大的信任。从某种意义上来说，高考就是一个人的战斗，虽然我们都渴望关注的目光。

然而，以后的路还长，我希望儿子要习惯一个人的战斗，没有谁会天天为你鼓掌，也没有人能真正陪你走到最后。

录　取

儿子估分出来，630。还不错，但是，比他的正常成绩低了二三十分。高考嘛，哪有百分之百发挥的呢？

如果是这个成绩，进北大还是有点悬的。接下来的时间更是煎熬，要等待正式分数下来呀。

6月23日正式公布高考成绩。头一天晚上，我们全家都早早睡觉了，准备第二天早早爬起来查分。

半夜三更，我睡得正香，被老婆吵醒了，她让我们都起来。我好不容易才睁开眼睛，半天才搞清楚，分数已经出来了。老婆根本睡不着，半夜三点爬起来，打开电脑，查出了儿子的分数，643。我们都长长出了一口气，心里的一块石头总算落了地。因为这个分数再加上签约的60分，就是703，上北大应该没问题了。

一家三口都睡不着了，有点除夕之夜的感觉。

平静下来，老婆才发现手机里有一条短信，是田老师十一点多钟发来的——他也在等待黄岭贝的准确分数。因为是半夜，不便电话分享，老婆就回了一条短信告知、感谢。

又过了几天，北京大学投档线公布，693。也就是说，儿子的分数超出了10分，而且，北大投档线是当年最高，比清华高出4分。我一时不知说什么，握着儿子的手，使劲地捏着。儿子自从上了中学，就极不愿意跟我牵手了，而这一次，他却没有挣扎，任我揉捏。他一定在我的揉捏中感受到了我复杂的情绪：既有对他多年来艰苦努力的感慨，也有对他终于达成目标的祝福，更有从小到大这十几年我们相伴的默契和摩擦……

接下来就是要报志愿了。事又不巧，我要去参加武汉作协举办的长篇小说笔会，笔会地点在孝感，为期20天。

那段时间，下起了大雨，没完没了。

老婆打电话说，北大的朱怀球老师到武汉来了，明天她要和儿子一起去见见朱老师，然后再商量报志愿的事。

我说，雨大，开车注意一点。这好像是我唯一能做的了。

第二天，老婆又打来电话，说一共有五个专业选项，让我帮着参谋一下，要尽快，朱老师还等着呢。然后，把五条选项发给我。

我一看，懵圈了。这些专业我根本就不熟悉，更没有选择的依据。于是，我说，这事还是让儿子自己定吧，他懂。再说了，这也是他自己的事呀，可提供参考，但不要干涉。

老婆说，知道你就这德行，搞不定的事，就推给儿子自己解决。于是，对我不做指望。

其实，她只说对了一半。从小到大，搞不搞得定，我都有意地把事情推给儿子去解决。我知道他终有一天会离开我，在独行的路上，遇到任何逆境，都要靠自己承受。他必须学会独立解决问题，那样，我才敢放手。

雨一直下，武汉遭遇了前所未有的内涝，全国人民都把目光投向武汉，看海。长篇小说笔会也被迫终止，提前两天返汉。

雨停了，水还在。等水终于退去的时候，已经是 7 月下旬。这时，儿子收到了北京大学的录取通知书。

至此，我们心里的石头才终于落地，彻底踏实。

7 月 26 日，我拿着录取通知书拍了个照，发了个圈，以此作为纪念。

也应该留个纪念。从儿子来到这个世间，我们陪伴着他一路走来，虽不能说是形影不离，但也算得上是围绕左右，一共一十八年。这张通知书就像一个新的里程碑，过了碑界，儿子就要打马扬鞭，独闯天涯了。

我多么想借一匹快马，和他并肩出发，陪伴着他，就像他生命中的头一个十八年一样。但是，时光啊，毕竟是十八年之后，儿子已经长成为一匹健壮的马，一扬蹄就绝尘而去。我还有足够的脚力能追上吗?